サステナブルファイナンスと事業性評価融資の進め方

新時代の融資手法 地域金融、中小企業を強くする

経営コンサルタント・
中小企業診断士

中村 中 著
Nakamura Naka

ビジネス教育出版社

はじめに

　サステナブルファイナンスとは、持続可能な社会を目指す融資のことですが、まだまだ、腹落ちしない言葉に思われるかもしれません。目の前の仕事や日常業務をこなすのに精一杯で、中長期で生活圏を越えた案件に気を配ることはできないと思います。持続可能とは、中長期の時間と広範囲な空間の中の出来事が、時空を超えて安定的に良い環境を維持することです。

　朝ドラの「舞い上がれ」の主人公舞さんのお父さんの工場がネジの見込み生産で倒産の危機を迎えたり、「半沢直樹」のお父さんのネジ工場が取引先の倒産で資金繰りの危機を招き、そのお父さんが自殺に追い込まれるケースなど、高視聴率番組で、企業の危機が描かれています。たまたま、ネジ工場のケースですが、高品質のネジは汎用性がないために、販売先の都合に振り回されることになり、先行投資の資金が回収できなかったことが主因になっています。

　しかし、このネジの在庫や技術を、中長期の時間と広範囲な空間の中で見渡せば、新しい需要が見つかって、そのお父さんたちの工場は救われたかもしれません。良く考えれば、地域において、時空を超えて客観的に企業を見ることができるのは、金融機関メンバーと言うことになります。汎用性は低いものの、特殊なネジを作成できる技術を金融機関が理解できれば、その技術・知的資産を、他の企業などに転売したり、将来の売上回復までのつなぎ資金の支援で、当社は、救われるかもしれません。金融機関が、時空を超えて客観的に企業を見ること、すなわち、サステナブルファイナンスの考え方ができれば、これらのお父さんの会社やその自殺を救うことができたかもしれません。しかも、この金融機関が、地域の行政機関や大学・病院、他の大企業などと連携が密であるならば、その情報によって、これらの企業が救われたかもしれませんし、逆に、大きな売上が確保できるようになったかもしれません。

この抽象的な言い方の「時空を超えて客観的に企業を見ること」は、将来に向かった時間と、現在の広い空間、地域の多くの資源、そして、気候・健康衛生・生物多様性・循環経済・ジェンダーなどの国内外の喫緊なコア課題を、俯瞰して考えれば、大きな役割を果たすことができると思われます。

　金融機関は、「雨が降ったら傘を取り上げ晴れたら傘を貸す」と揶揄されることがありましたが、「雨が降ったら晴れること、または、どこかが晴れていること」そして「雨が降っても困らない仕事や世界的な喫緊課題に貢献すること」の紹介をして、資金投入を考えることが大切です。

　サステナブルファイナンスとは、ESG（環境・社会・統治）要素を考慮した事業性評価融資と言われますが、今となっては、金融機関の融資担当者のイロハになっている「事業性評価融資」の延長線にある融資のことです。

　本書については、サステナブルファイナンスの基本を学ぶと同時に、事業性評価融資の深掘りを行ない、サステナブルファイナンスのアプローチ手法まで、述べています。一読して頂くことにより、「たかがサステナブルファイナンス、されどサステナブルファイナンスである」と思われることを期待しております。

中村　中

新時代の融資手法　地域金融、中小企業を強くする

サステナブルファイナンスと事業性評価融資の進め方

目　次

I. サステナブルファイナンスとは

1 中小企業の サステナブル経営

　中小企業の大半は、サステナブル経営を実践しているとはいえません。サステナブル経営は、日本語で直訳するならば、長期的な視点で、持続可能性を重んじる経営のことですが、これは、未来に向かって、積極的に成長を目指す経営手法です。

　日本の中小企業の多くは、１年ごとの決算で黒字を出すことに努め、自社のマーケットの現状を維持するために、前期並の仕入れで同様の売上を目指します。これは、前期並の実績を求めることであって、必ずしも持続可能なサステナブル経営を行っているとはいえません。赤字決算にならないことに固執する中小企業経営者は、手持ち資金をなかなか投資に投入しないし、不安があるサプライチェーンや商品開発への投資にも消極的になっていると思われます。これらは、成長を目指すサステナブル経営にはなりません。

　サステナブル経営を目指す経営者は、自社の内部について良く見るとともに、周りをも新しい目で見直して、SDGs の 17 目標や ESG 投資の要素を検証しながら、自社の経営理念をも考えて、大きな視野と長期的な見通しで経営を行うものです。これは、企業が関わるステークホルダー（利害関係者）や周囲の金融機関、また行政機関を見ながら未来の見通しを行ってワイドで安定的な持続可能な経営になると思います。

　上場企業や大企業は、現在、「コーポレートガバナンス・コード」に沿って、サステナブル経営を目指しています。「コーポレートガバナンス・コード」の５つの原則（株主・ステークホルダー・情報開示・取締役会・対話の各原則）に合わせて、SDGs や DX（デジタルトランスフォーメーション）を取り入れて、企業としてはマーケットを拡大し、内部組織を強化していくと思います。マーケットや内部組織の情報開示が進み、透明度や公正さが進めば、ステークホルダーからの評価も高まり、自社は

着実に成長して行きます。企業内の役職員やステークホルダー、周囲の皆様も、経営者の背中を押しながら、盛り立ててくれると思います。しっかりした企業と取引を求める新設企業も多くなっていますので、注文等も一層、増加してくことになるはずです。マーケットや内部組織の整備が不十分な企業については、なかなか関係者や周囲の人々の協力や支援は得られないものと思います。

　さて、コーポレートガバナンス・コードは2015年に策定され、その後、種々の改訂を加えられています。特に、2022年に誕生した新市場区分のプライム市場の企業は、日本を代表する投資対象の優良な企業ですから、魅力あふれる市場になることが期待されています。そのためにも、「コーポレートガバナンス・コード」はレベルアップを続けていますが、2021年には、サステナビリティの取り組みについて、大きな改訂がなされました。これは、「上場会社は、経営戦略の開示に当たって、自社のサステナビリティについての取組みを適切に開示する」「人的資本や知的財産への投資等についてもわかりやすく具体的に開示する」「気候変動に関しTCFD（気候関連財務情報開示タスクフォース）等の枠組みに基づく開示をする」など、「開示」についての要請です。

　このことは、近々、中小企業のサステナビリティにも影響することになります。新型コロナウイルスの感染やデジタル化・DX（デジタルトランスフォーメーション）化の動きに合わせて、SDGsやESG投資に関するサステナビリティを巡る課題の要請はじょじょに高まって来ていますので、上場企業や大企業ばかりに限定されるものではありません。全企業の99.7％を占める中小企業に対しても、「まずは取締役会を催して、その取締役会では自社のサステナビリティを巡る取り組みについて、基本的な方針を策定し、その内容を開示する」ことになります。

　このように、大企業や上場会社は、株主をはじめ顧客・従業員・地域社会等の立場を踏まえ、透明・公正・迅速・タイムリーな意思決定を行うための仕組みを、「コーポレートガバナンス・コード」のもとに確立していますが、当然ながら、日本の企業の中で大きなシェアを持つ中小企業についても、サステナブル経営として、それぞれの企業価値を向上さ

せ、様々なステークホルダーとの相乗効果を高めることが要請され、企業を適切に運営・発展させる仕組みを、強く求められるようになると思われます。

2 中小企業へのサステナブルファイナンス（ESG地域金融）

　地域金融機関が中小企業にサステナブルファイナンス（ESG地域金融）の導入やそのアドバイスをすることによって、そのサステナブル経営を定着させるものと思われます。

　ESG地域金融は、地域金融機関が中小企業に提供するESG投資であり、国連が採択したSDGsの17の目標に向けたサステナブルファイナンスと重なるものです。日本国政府も各省庁も、このSDGsの浸透をミッションとしていますので、中小企業においても、サステナブルファイナンスは、今後、広がっていく融資手法です。

1 バブル崩壊後の金融の歩み

　1990年前後にバブルが崩壊し、山一証券や北海道拓殖銀行が倒産しましたが、そのバブル崩壊の状況を見て、世界は日本の金融機関の財務管理が甘く、融資に対する引当金の積み上げ方法が恣意的で信頼できない、という大きな疑問を抱きました。その時に金融機関に導入されたのが「金融検査マニュアル」であり、信用格付けもここに組み込まれました。スコアリングシートの審査もこの時から普及しました。不良債権削減のためにメガバンクなどの大手金融機関を中心に、金融庁検査が入って、融資や引当金の積み上げ状況について厳しい検査が行なわれました。その象徴的な出来事が、三菱UFJ銀行の合併です。

　しかし、この特別検査はメガバンクを中心に行われましたものの、地域金融機関の財務管理に対しては同時に行われず、じょじょに厳格な金融庁検査が各地域金融機関に入るようになりました。今では、格付けとスコアリングシートは、借入れをする企業の常識になっていますが、こ

の一連の金融庁検査で「金融検査マニュアル」も普及し、中小企業にも金融機関にも広がっていきました。金融検査マニュアル公表後、格付けやスコアリングシートの運用がより機械的・画一的に強化され、その弊害も目立つようになって、ついに、2019年には、この金融検査マニュアルが廃止になりました。とはいいながら、金融機関の融資担当者は金融検査マニュアルの考えが生き続けていることから、いまだに、格付けやスコアリングシートは、各金融機関の顧客対応や融資審査のベースになっています。

2 サステナブルファイナンスの浸透

　さて、この不良債権削減に対する格付けなどの動きは、もともとは、日本の金融機関の融資手法に対する国際的な批判から生じたものでしたが、日本の金融機関には急速に広がって、金融検査マニュアルによって、融資に対する厳しい引き当て基準が浸透することになりました。同様に、最近のESG地域金融・サステナブルファイナンスも、国際的なプレッシャーが強いものとなって、今や世界の常識となっています。国連で採択されたSDGsの目標に裏打ちされた、ESG地域金融・サステナブルファイナンスも、政府・金融庁、それに環境庁・経済産業省・中小企業庁も積極的に旗を振っていることからも、金融機関では、時間を置かずに融資担当者まて徹底されるような施策になると思われます。リーマンショックの前ならば、このような施策は、時間を掛けながら、じょじょに地域金融機関に浸透していくものでしたが、現在は、デジタル化・DX化の下で、短時間のうちに、中小企業や金融機関の支店に広がり浸透していくものと思われます。

　実際、金融機関にとっては、かなりのスピードで、このESG地域金融・サステナブルファイナンスは広がっています。特に、金融庁が認め環境庁が公表した「ESG地域金融実践ガイド2.1」については、金融機関の内部に入り込んで、経営陣と実務者に向けて、それぞれに「実践ガ

イド」を示しています。その上に、多くの地方銀行は、プライムやスタンダードの上場会社であることから、サステナビリティの取り組みについての情報開示を明記した「コーポレートガバナンス・コード」を厳格に、守らなければならなくなっています。地域金融機関は、経営者から窓口担当者まで、この ESG 地域金融・サステナブルファイナンスを習得して、中小企業に対して、サステナビリティ経営を求めることになり、このことは、他の地域金融機関である信用金庫や信用組合にも、同様なプレッシャーになります。

3 サステナブルファイナンス 審査までへの 金融機関審査の経緯

1 事業融資・事業性評価融資から サステナブルファイナンスへ

　融資は、金融機関の審査で承認が得られてから実行されなければなりませんので、その審査の内容について、金融機関の考え方を理解することが必要です。サステナブルファイナンスの審査は、今までの金融機関の審査とは大きく異なるもので、審査の目的は、時空を超えた持続可能性の浸透にあります。

　従来の審査はキャッシュフロー・資金循環をフォローする審査でした。融資した資金が、借り手企業から外部の企業に支払われることを想定していました。商社の基本である商品仕入れの場合、金融機関が融資した資金は、商品から在庫を経由して売られ、販売代金として、売先から入金されます。この資金還流を見届けて、当初の借入れの返済を行います。その資金の流れを想定し、これが合理的であることを審査するのですが、これを一般的な金融機関の「事業融資審査」といいます。

　しかし、企業は多くの事業を同時に行い、その後も種々の事業を行い続けます。企業は、事業の集積体であり、その事業は常に動いています。企業は、1つ1つの事業に対して、普通は資金の前払いを行うものです。企業が大きくなれば、その仕入れ資金もいろいろなパターンを包含するようになり、運搬も倉庫もメンテ作業も加わって、複数の事業が発生し、連れて、販売もコンサル相談も事業として生じてきますし、そこには資金の立替が必ず出てきます。これらのすべての資金のニーズを企業として捉えなければなりません。企業としては、決算期間である1年間に、この複数の事業を繰り返し続けながら、その事業で生じる小さな利益を

まとめて、決算時には大きな利益を生み出します。その複合した事業には、企業ごとに種々のビジネスモデルがあって、そこには企業独自の強味が存在します。この強みを見つけて、金融機関が融資を行うことが、事業内容や成長可能性を目指す事業性評価融資であり、主にその強みを見つけることが事業性評価です。金融機関は、個々の事業から複合事業を見通して、「事業性評価融資の審査」を行うことになるのです。金融機関は、企業の多くの事業を見て、その事業の集積体における複数の資金の流れをフォローしなければなりません。この企業全体のキャッシュフローの把握が、事業性評価融資審査の実態になります。

　さらには、その資金は、企業の枠を超えて、地域や社会に流れ出て、また資金は元に戻って、還流するものです。この資金循環は、部分的や短期間では、法則性はなく恣意的の動くようですが、長期的に全体を俯瞰してみれば、規則的に持続可能な動きをすることがわかります。デジタルデータ化が進歩した現在では、この内容をビックデータで把握でき、持続可能性も把握することができるようになっています。このように企業を乗り越えた資金が、地域の経済活動に貢献していることを見れば、社会の持続可能性に役立っていることが見えます。現在では、この動きについて、地域金融機関は容易に把握することができるようになっています。個々の企業と資金的に結びついている地域金融機関は、効果的な支援活動も可能になり、企業の事業性評価や持続可能性に役立つことができます。すなわち、地域社会や企業の情報を活用してファイナンスを行うことが、サステナブルファイナンスということになります。ということは、この「サステナブルファイナンスの審査」は、地域や社会の持続可能性などを把握して、企業としての「事業融資審査」「事業性評価融資審査」もつかんで、地域金融機関が融資の可否を決定するということになります。

　たとえば、仕入れという事業の資金還流を検討し、返済は間違いないと判断したものの、サプライチェーンが乱れ、資金不足が発生することがあります。この場合、融資関連事業の資金フォローを見直したり、返

済方法や期間を変更して、順調な返済ができることがあります。このことを見極めることが、「事業融資審査」です。

　しかし、景気や経営の問題で、企業自体の資金繰りが落ち込んで、当初想定していた融資の返済財源が不足して返済ができなくなることもあります。そのような時に、企業全体を俯瞰して、業績が好転している他の事業からの資金や遊休資産売却でのキャッシュ捻出によって、企業全体の資金フローから返済財源を見つけて、融資返済することがあります。この時の審査が、企業自体を見る「事業性評価融資審査」ということになります。

　もう少し、審査の視点を拡大して、自社のステークホルダーの業務内容や、地域社会における持続可能性への貢献を再検討して、資金使途が柔軟な融資を行ったり、変動するキャッシュフローへの資金投入支援、また、長期返済や当面返済不要な安定的な融資（サステナブルファイナンス）を実行することも考えられます。この「サステナブルファイナンス審査」は、資金供給を行う地域金融機関自身が、地域のリーダーと成ったり、行政機関との協働支援を行うことを前提にして、地域社会の持続可能性に貢献するように検討することです。地域金融機関は、地域のビッグデータを活用して、地域社会や融資企業の持続可能性や強みを生かすことも考え、最近では、企業の利益面や財務面と並行して環境面や社会面の貢献を重視する「インパクト投資」の概念も、サステナブルファイナンス審査の要件にしています。

　以上、事業融資や事業性評価融資、またサステナブルファイナンスを、審査の流れとして概観してみましたが、以下では、さらに、突っ込んでその内容を述べていきます。

2　事業融資審査

　さて、この事業融資は、銀行業がスタートしてから、常に融資のメインテーマになっています。この融資は、「時間ギャップ充当貸出」とも

いわれ、将来のキャッシュ・インを、金融機関が現金化する融資のことで、いわゆる、立替え融資、つなぎ融資ということです。将来と現在の資金入金の時間差を、現在に引き込んで、資金の回転を速め、資金効果を高めることです。

　例えば、仕入れ資金の支払いに裏付けられた貸出を受ける企業は、その仕入れ商品の販売と資金回収は借入の利息負担や元本返済のために速めます。月給に上乗せされる賞与・ボーナスの支払い資金としての賞与資金融資がありますが、これは、翌月以降の資金積み立てで返済し次回のボーナス支払いまでにはその分割返済を完了するという貸出です。また、設備購入資金は、その後の減価償却の累計金額であって、その金額で資金回収をするものです。設備投資融資も減価償却の累計額で返済するのであるから、設備資金貸出しは、減価償却の累計額の立替え資金であり、そのつなぎ資金や立替え資金の前払い資金であり、「時間ギャップ充当貸出」といえます。このような融資の審査が、「事業融資審査」ということです。

　〈詳しくは、拙書『資金ニーズの見つけ方と対話〈ビジネス教育出版社〉』をご参照してください。〉

3　事業性評価融資審査

　「事業性評価融資」とは、企業全体に対する融資のことをいい、前記の「事業融資」は、企業の個別の事業に対する「立て替え資金融資」「つなぎ資金融資」のことをいいます。「事業性評価融資」は「事業融資」の内容を包含するもので、事業融資を丁寧に積み上げれば、あえて「事業性評価融資」は必要ないと考えられるかもしれませんが、実務を行う場合は、単体内容と包摂内容は大きな違いがあります。

　事業融資である仕入れ資金融資や賞与融資、設備融資は、企業の中の1つの事業の立て替え資金融資のことであって、その資金ニーズは同時に発生しています。多くの事業を常に繰り返し行うことがビジネスであ

り、個々の独立した事業が順番に発生する企業などは、スタートアップ企業の一部を除けば、他にはありません。本来の企業への事業融資は、多くの事業の資金ニーズの合体に対する融資が常態といえます。したがって、融資の大半は、プラス収支面とマイナス収支面の事業の集積体であり、資金ニーズや資金使途を単純化することは、もともと難しいのです。

　しかも、企業の評価は、必ずしも現在の事業で評価するばかりではなく、過去・未来の時点も含み、また、各企業のメンバー・企業全体・ステークホルダー・地域社会・国家ベースの空間も含んで、決められるものです。したがっ、個々の事業から事業の集積体である企業に対する「事業性評価」で企業を評価して、融資を実行する事業性評価融資の指標は極めて多岐に及び、複雑化した指標を統合して評価することが必要になります。事業性評価融資は、「事業内容」や「成長の可能性」で評価する融資と言われていますが、事業の集積体である企業の評価をするということは、数多くの要因分析が伴いますから、審査の難易度は高まります。

　そこで、一般に、事業性評価融資審査を行う場合は、まずは、決算書の損益状況を見て、営業利益や経常利益、最終利益によって第1次の企業評価を行っていますが、これで、真の企業評価になるはずはありません。企業は事業の集積体ですから、その利益の源泉である個々の事業が生み出す利益を良く見ることが重要になります。事業が赤字であっても企業が黒字になったり、その逆に事業が黒字であっても企業が赤字になることは多々あります。1つの事業以外にも多くの事業を企業は行っていますから、総合的に企業の活動を見る必要があります。

　このことは、資金循環が上手くいかなくとも、他の事業が順調ならば、企業の資金繰りが問題なくなることをも意味していますし、現在苦しくとも将来問題なくなることもあるということです。過去の形式的な決算書は、企業活動の一部ですから、企業全体の事業性評価を行うには、未来の実態的な成長路線を企業やそのステークホルダー・地域社会を包含した全体像で見ていくことが大切になります。しかも、その全体像の把握には、企業の強みを把握しなければなりません。格付けが低くで、ス

コアリングシートの指標が低位であっても、2年、3年、5年の間には企業内容が好転できれば、良い評価が算出されることになるものです。また、その企業のステークホルダー〈利害関係者〉や関連企業が好調であれば、企業業績は高まります。

　かつての金融機関の融資審査は、マイナス面や弱みを見つけ出して、支援謝絶の傾向がありましたが、この事業評価融資は、企業にプラス面や強みがあれば、必ず、そのメリットを評価して、支援方針を金融庁などの監督官庁に勧奨されています。金融機関や行政機関は、中小企業の長所を見つけて支援すれば、その中小企業は再生し倒産を免れ、現状を維持させるという姿勢が定着するようになっています。中小企業の資金繰りが厳しい時は、かつては禁じ手であった返済猶予までを許容するようになっています。金融機関の融資担当者の中小企業に対する考え方や対応は大きく変わってきており、事業性評価融資の審査許容方針は、かなり寛大になっています。

　このことは、金融庁の融資に対する寛大方針が、種々のガイドラインで徹底され、金融機関の経営陣には浸透しています。「事業融資」の厳格な事業審査に対して、企業の長所を見つけ出して、寛大な支援を行うべきであることは、種々のガイドラインにて述べられていましたが、この「事業性評価融資」は、一層、その寛大条件が徹底されています。

４　サステナブルファイナンス審査

　地域金融機関は、ESG 地域金融実践ガイドに沿って、サステナブルファイナンスの導入を始めました。「ESG 地域金融実践ガイド 2.1」には、「ESG 要素を考慮した事業性評価に基づく融資・本業支援のすすめ」のサブタイトルが付けられており、地域金融機関が地域のサステナブル環境をリードすることを期待されています。地域金融機関は、融資取引先に関する、事業融資や事業性評価融資関連の多くの情報を持っているほか、地域の自治体、病院、学校、中小企業、個人預金者などとの連携情

報も多く保有しています。その他にも、これらの機関のステークホルダー（利害関係者）の動きや、行政機関などの施策の動向をも把握しています。また、地域金融機関は、持続可能な開発目標（ＳＤＧｓ）やESG投資（環境・社会・ガバナンスの投資）の推進役として、地域の機関に対する資金供給者にもなっています。

　一方、地域金融機関としても、ESG地域金融に携わることは、自分たちの活動範囲を広げることにもなります。事業性評価融資の審査では承認が難しい案件でも、サステナブルファイナンス関連の情報が入手されるようになれば、信用を高める情報が入手でき、融資が容易になり、融資の範囲が広がります。サステナブルファイナンスは、地域の自治体、病院、学校、中小企業、個人預金者などとともに地域の活性化に役立ち、その姿が見える化されます。地域金融機関のプレゼンスが高まって、好感度も増します。これらの情報開示と地域からのリスポンスによって、地域金融機関の持つ経営資源をどの程度の規模にするべきか、いかに活用するべきか、どの課題を優先させるか、内部組織をいかにするべきか、などについて、イメージも固まります。現在の活動の短期・中期的な展望が分かりやすくなり、地域との共通の方向性も明確になります。こうした方向性について、地域金融機関のステークホルダーとともに、その認識を共有すれば、時間軸を意識した資源配分、進捗管理など、具体的なアクションプランとモニタリング計画を策定することも可能になります。

　特に、ローカルＳＤＧｓ・地域循環共生圏において、地域金融機関が自治体との相互協力体制を構築できるようなれば、地域資源を事業化・収益化していく過程で、地域金融機関は目利き力を活かして、中核的な役割を担うことができます。日頃の事業性評価の力やリスク管理能力を金融機関の強みとして、様々な顧客ニーズに対応するコンサルティングや地域商社的役割などで、新たな機能も生かしつつ、各種プロジェクトや取り組みに積極的に関与して、事業性の向上に貢献することも期待できます。このような地域貢献等を、地域金融機関が行うための企業審査を、サステナブルファイナンス審査に期待されます。

4 ESG地域金融は金融機関の経営陣と実務者に向けた実践ガイド

 1 経営者と実務者の実践ガイド

　日本の中小企業に対する国家施策は、トラック走の周回遅れのように見えます。上場企業や大企業の集団が走り終わった後に、中小企業の集団が後を追うように見えます。金融機関の不良債権問題の時も、地域金融機関の中小企業の不良債権はいつまでも解決が遅れ、かなりの期間、不良債権比率が高いままとなっていました。システム導入では、各金融機関の連携があまり進まず、フィンテックの導入も遅れています。仕事の内容も、人材教育が間に合わず、内部組織の改編も遅れ、コンサルティング業務や店舗の統廃合も、あまり進捗しませんでした。しかし、ESG地域金融は違うかもしれません。これには、新しい試みが見えています。

　「ESG地域金融実践ガイド2.1」では、「経営陣向けサマリー」と「実務者向けサマリー」が並列に記載されています。金融機関は中央集権組織ですから、縦割り組織であり、この経営陣が融資現場の実務者に対して常に指示命令を出しています。今までは、実務者への指示命令は、経営陣任せになっていました。そのためか、経営陣が融資現場に直接指示命令を行う本部の融資部や企画セクションへの伝え方次第で、トップの意向がなかなか融資現場に伝わらないことがありました。経営陣と融資現場の中間にいる本部の部署や支店の幹部が正しい判断をせず的確に動かないため、取引先中小企業に接する融資担当者に情報が届かず、本部の意向が伝わらないこともありましたし、その伝達スピードが遅いために、融資現場や取引先が混乱することもあったようでした。

　また、経営陣は、自行庫の経営問題・収益問題を重視しますから、顧

客へのコンサルティング業務に努める融資現場の担当者は、取引先のメリットよりも自行庫のメリットを主張してしまい、利益相反の結果になることもありました。例えば、企業にとって、長期的に売上や収益が上がる設備投資の案件であっても、担保がないために、長期融資ではなく短期の運転資金貸出で対応し、かえって、資金繰りを苦しめることなることもありました。これは、金融機関にとっては引当金負担が軽いからです。また、他行が返済を急いだために、自行庫の信用貸出しの返済を早めることもありました。自行のみが信用貸出となってしまったり、他行の返済分を自行の信用貸出で肩代わることになってリスクが生じる可能性があります。こうしなければ、融資担当者が利益相反行為として行内で追及を受ける可能性もあります。さらには、業績悪化の兆候に対して、自社の融資残高の圧縮を進めることがありますが、このことは取引先の成長のために相談を受けていた融資担当者が、自行庫の短期的メリットを追求することとして融資圧縮をして、利益相反になるかもしれません。このような利益相反は、経営等相談を受けていた融資担当者が、本部や上司の指示によって、意識がある無しにかかわらず、取引先に不利な行動を取ることです。逆に、本部や上司として、融資担当者にこのような利益相反を起こさせないように、自行庫の立場よりも顧客の身になって、部下に指示を出さないこともあります。まさに、財務的リターンよりも社会的・環境的を重視するような「インパクト投資」の考え方に該当します。

　「経営陣向けサマリー」と「実務者向けサマリー」へのそれぞれの指示が行政機関から出されることは、従来の縦割り方式に馴れた経営陣にとっては、想定外のことのように思います。このことは、融資現場の担当者や中小企業また地域住民等にとってはありがたいことです。

　このESG地域金融は、国連で採択されたSDGsの目標の達成に向けた施策であり、地域や社会と平仄の合った動きを早期に実行しなければなりません。時には、地域金融機関の収益や業績目標と相反する環境・社会への貢献策を、融資の実務者は講じなければなりません。また、その実務者は、金融機関の本部や上司からの指示命令に反して、ステークホ

ルダーや地域・社会・環境のニーズを捉えて、動かなければならないこともあります。

金融機関内部の意思決定は稟議書による承認が必要になりますが、このような時には、「経営陣向けサマリー」と「実務者向けサマリー」という「ESG地域金融実践ガイド2.1」の考え方が、地域や金融機関また企業にとって、有効なガイドラインになります。

稟議書による金融機関の意思決定は、融資担当者が支店の上司から支店長に、さらには本部の経営幹部から経営陣に書類を回付して行われるために、皆が金融機関のメンバーとして、同一的な発想で保守的な考え方になりやすいものですが、「この経営陣向けサマリー」と「実務者向けサマリー」にて客観的で顧客本位の考え方ができるようになります。

2 経営陣向け実践ガイド

地域金融機関が、ESG地域金融を実践するに当たり、経営陣には、ESGの目的をしっかり理解してもらいます。地域社会と接する実務者には、地域の資源や課題、主要産業、個別企業への取り組みを説明し、それらに関する価値の理解やバリューチェーンの把握、環境・社会へのインパクトの創出、また、金融機関としての本部と営業店の連携について徹底します。

なお、この「ESG地域金融実践ガイド2.1」を公表した環境省は、地域金融機関がESG地域金融に積極的に取り組み、地域の持続可能性の向上や地域循環共生圏（ローカルSDGs）の創出を期待します。また、金融庁や中小企業庁、なども、この実践ガイド作成に協力をしています。

この「ESG地域金融実践ガイド2.1」の概要版・読み方では、「想定される読み手」として、経営者・経営企画部等の企画関連部メンバー、現場職員、またその読者に対して、種々の概要が述べられていますが、経営陣としては、すべての内容を把握すると同時に、経営陣向けサマリー

23

を精読することをおすすめします。

概要版・読み方
ESG地域金融実践ガイド 2.1

▶▶▶ ESG地域金融実践ガイドの読み方と本概要版の目的

ESG地域金融は金融機関の経営層〜現場の職員まで関わるものであるが、それぞれに担うべき役割は異なる。
そこで、ESG地域金融実践ガイドは目的に応じてどこからでも読み始めることができる構成になっており、
各自の目的に応じて読み始める章を変えることが可能である。
以下に示す、各章の内容と想定される読者を参照いただき、関心のある箇所から読んでいただきたい。
なお、本概要版は各パートのエッセンスをコンパクトにまとめたものである。

概要		想定される読み手

ESG地域金融の概要と目的(経営陣向けサマリー)
地域社会を取り巻く課題や環境変化に触れながら、ESG
地域金融実践の必要性や経営として考慮すべき点を解説。

✓ ・ESG地域金融を経営課題として検討している経営者
✓ ESG地域金融実践の意義を知りたい読者

ESG地域金融の実践内容の概要(実務者向けサマリー)
ESG地域金融を実践する際の基本的な考えを中心に実
践方法として想定される3つのアプローチに共通して重要な
項目を解説。

✓ ESG地域金融の取組を検討する立場（経営企画部等）の読者
✓ ESG地域金融の取組をはじめて検討しており、取組の全体像を簡潔に知りたい読者

アプローチ別の実践内容
アプローチ1・2・3それぞれの実施手順と留意すべきポイン
トを参考例とともに解説。

✓ 具体的にESG地域金融の取組を検討している現場職員
✓ ESG地域金融に取組むにあたりより詳細な実施方法を知りたい読者

詳細事例
地域社会が直面する課題に対して、本ガイドで紹介するア
プローチを踏まえ、4つの事例を紹介。アプローチ間の有機的
な結合についても図示。

✓ まずは理論よりESG地域金融の実践でどのような取組が行われているのか具体的に知りたい読者
✓ 各アプローチの実践内容を理解したうえで、実際のアウトプットをみてみたい読者

　地域金融機関は、自行庫が中心になって、持続可能な地域の実現に向けて、上図の4つの概要項目について、努力することを述べています。そのためには、地域金融機関の経営陣としては、中長期的な時間軸で、ステークホルダーや地域社会への広い視点を持つことが必要です。具体的には、ESG地域金融の意義と、昨今の環境変化を踏まえて、ステークホルダーや地域資源の把握、また、目標やその施策などを実践する必要があります。

▶▶▶ 経営陣向けサマリー：まとめ

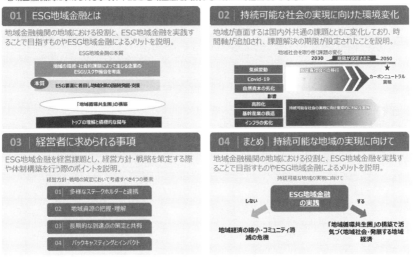

また、地域金融機関の経営陣は、主に、取引先企業と地方自治体が連携することにも注力する必要があります。各企業の課題・価値や地域のニーズを俯瞰して、「事業性評価」を行い、融資や本業支援を実践することも重要です。

また、地域金融機関は、行政機関や地元企業を深く知る立場にあることから、地域のリーダーとして、「地域の実施体制構築と国の積極支援」の目線を持って、国の地方支分部局の縦割りを排して水平連携することをも、監視する必要があります。

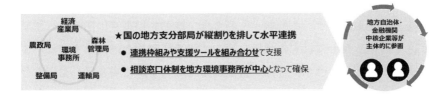

同時に、地域金融機関自身も、以下の通り、「ESG 地域金融の実践に向けた組織体制の構築」に努める必要があります。

▶▶▶ ESG地域金融の実現に向けた組織体制の構築

- 策定した経営方針・戦略を組織に浸透させ実践するには、本部、営業店が連携し、**外部環境の変化と地域の実情を踏まえた支援ができるような体制を構築**することが必要となる。
- そのためには、本部において、経営方針・戦略を踏まえた実施事項を定め、営業店と連携しながら実践をするとともに、営業店で収集してきた個別案件の情報を吸い上げて**組織知として蓄積させる仕組みを構築**することが重要となり、経営者としてその構築を推進することが求められる。

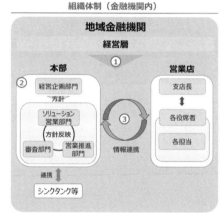

組織体制（金融機関内）	ポイント

① 経営方針・戦略の策定
- 地域の特性を踏まえ、長期のあるべき姿（ビジョン）を提示するとともに、その実現に向けた戦略・方針を策定し、金融機関内に共有。
- 組織への浸透を見据えて金融機関全体で取り組むことが重要であり、経営層が主導し、関係部署を巻き込み体制を構築することで属人化を回避。

② 具体的な施策の検討へのコミットメント
- 方針、戦略に基づいた事業の推進についてコミットメントして、本部を中心に施策の検討を促進。
- また、地域の多様なステークホルダーとの連携について対話を進める。

③ 組織知の蓄積に向けた仕組みの構築
- 本部と営業店とが連携し、外部環境の変化と地域の実情を踏まえた支援ができるような体制を構築。
- 営業店で収集してきた個別案件を吸い上げ、組織知として蓄積させる仕組みの構築が重要。

実際、金融機関の内部組織については、トップダウンの一方向の指示命令が一般的であり、なかなか、上図における、本部内の「方針反映」や支店長と各役席者間の双方向の矢印、また本部支店間の情報連携は、実践しにくい状況にあります。

一般的な金融機関の組織図は、以下の通りであって、経営方針や戦略は、一方通行になりやすいものです。頭取（社長・理事長）から発せられた指示・命令は、審査部や業務推進部（支店部）を通して、支店に通達などで配られます。その指示・命令は、取引先担当者に伝えられますが、その指示命令に対する意見交換や情報連携の動きはありません。まして、この指示命令が、目標の数値に落とし込まれた場合は、支店やその担当者は目標を拒否したり、数値の変更をすることはほとんどできません。

以下のトップダウン型の指示命令を、情報連携型に変更するには、経

営陣による、社内の縦割り意識を払拭する努力が必要になります。

▶▶▶ **銀行・信用金庫・信用組合の組織のイメージと経営方針や戦略の伝達フロー**

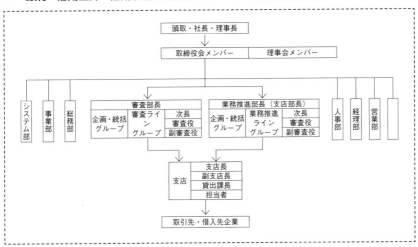

　なお、地域金融機関の経営者は、ESG 地域金融を経営課題として認識し、バックキャスティング手法を使って、将来のあるべき姿の実現に向けて経営方針・戦略を策定し、組織への浸透を図ることが求められることになります。このバックキャスティン手法のイメージ例は以下の通りです。

（例）ESG地域金融を通じた脱炭素社会の実現に向けて

3 実務者向け実践ガイド

　ESG 地域金融において、金融機関内部の縦割りトップダウンの意思決定から情報連携的意思決定の重要性を述べてきましたが、金融機関を取り巻くステークホルダーの多様性について、最適なアプローチや行動イメージの対応が一層必要になってきています。この点については、地域金融機関全体で ESG 対応をすることに限界があり、実務者レベルで柔軟な対応をする方が効率的であるとの考えが強くなっています。そこで、地域金融機関の「実務者向けサマリー」は、ESG 地域金融の３つのアプローチと共通する４つの重要な事項を重視することを述べています。その３つのアプローチは、「地域資源・課題を対象にした取組」と「主要産業を対象にした取組」また「個別企業を対象にした取組」で以下の図表で相互の関連性を見ることができます。

▶▶▶ 3つのアプローチの関係性と取組成果

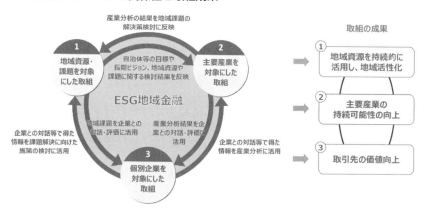

　また、上記の４つの重要事項のイメージ（地域資源、バリューチェーン（商流）、ポジティブインパクト、環境変化の把握）は以下の通りです。

　１つ目が地域資源の把握とその価値の理解です。地域には、その土地

28

固有の資源があり、その資源からさまざまなサービスを受けていますし、その価値が適切に理解されず、埋もれている資源や劣化している資源が存在することもあります。これらの理解が必要です。

　2つ目がバリューチェーン（商流）と対象産業また企業の位置づけの把握です。従来から、事業性評価においては、商流を把握することが重要視されていましたが、ESG 地域金融においては、さらにその重要性が高まります。

　3つ目が地域の環境・社会・経済へのポジティブインパクトの創出を目指すことです。持続可能な地域の実現においては、従来重視されてきた経済面だけでなく、環境・社会の3つの側面での持続可能性の向上が必要となります。

　4つ目が、環境変化の把握とその影響の理解です。気候変動など国内外で共通の課題（コア課題）に関する環境変化は科学的知見の蓄積とともに、非常に早いスピードで生じています。この4つ目は、前の3つの事項を実践するためには、地域資源や地域産業、企業を取り巻く外部環境の変化とその影響を踏まえることが必須であって、それらの中長期的な動向と整合した支援策とするべきです。

　金融機関内でアプローチを有機的に結合させるための仕組みを作って、内部組織である本部と営業店が連携して、組織としての知見を蓄積することが重要になります。さらには、各営業店は地域の自治体のホームページや住民用広報誌の把握、また、地域の企業や商工会・商工会議所・業界団体・大学・病院等のＨＰなどから、情報収集が必要になります。取引先企業や住民との意見交換や対話等も重要になります。

第2章 ESG地域金融の実践内容の概要(実務者向けサマリー)

ESG地域金融を実践する上での基本的な考え方、想定される3つのアプローチを説明するとともに、共通して重要な項目および目指す姿を解説する

01	ESG地域金融の実践における基本的な考え方	02	ESG地域金融の3つのアプローチ

ESG地域金融を実践する際には取組が与える影響を考慮し、影響が全体としてポジティブとなるように考慮する必要性を説明。

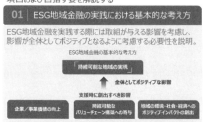

ESG地域金融の3つのアプローチや各アプローチの関係性や目指す取組の成果について説明。

03	ESG地域金融の実践における共通事項	04	ESG地域金融の実践において目指す姿

ESG地域金融を実践するにあたり共通する4つの重要な事項を説明。

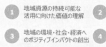

ESG地域金融を実践するにあたり、本部と営業店の連携し、組織としての知見を蓄積するための仕組みについて説明。

5 ESG地域金融であっても各金融機関において審査・稟議の承認が必要

 1 金融機関の稟議制度とは

　稟議（りんぎ）とは、金融機関で、取引先に融資を行うことに対して、意思決定者の承認を得るために作成する書類です。取引先の融資案件については、担当者やその上司、また意思決定者やその補佐役などが一堂に会する会議などで話し合って決裁することが理想的ですが、金融機関の場合は、その企業数が多く、また事業の融資案件もかなりの件数になります。各支店取引先も、金融機関全体では、万単位の件数になっていますので、融資案件については、融資の意思決定を行うに必要な事項を抜粋して、以下の様式にして上司に回覧して、承認を貰うシステムになっています。

　例えば、仕入れ資金融資の承認を得る場合は、p.32の上段の「貸出しの種類・金額・利率・期日・返済方法・資金使途・担保」を記載すれば、仕入れ購入資金の支払いから、その商品が販売されて、いつ融資が返済されるかが、わかります。もしも返済が難しくなった場合の担保についても書かれています。既に融資をしている貸出しの内容や、その申請企業の決算書の内容も、書かれることになり、それらの内容では説明できないコメントは、所見欄に記載することになります。

31

▶▶▶ **金融機関内部の稟議書例**

貸出の種類	金額	利率	期日	返済方法	資金使途
担保					

貸出内容	現在残高	利率	毎月返済額	引当	当初金額
①					
②					
③					
合計					
財務内容					
損益状況					
財務比率					
所見					

支店長	副支店長	課長	担当	副審査役	審査役	次長	部長	取締役	専務・常務	副頭取	頭取
○	○	○	○	○	○	○	○	○	○	○	○

　この稟議書は、最下段において、左から４番目の担当（者）が作成し、支店においては担当者の上司の課長・副支店長・支店長が閲覧の印鑑を押して、本部の審査部に、この稟議書を送付します。本部では、副審査役・審査役と閲覧をして、最終には頭取の意思決定の印鑑を貰い、承認になります。ただし、案件の金額や条件の重さで、頭取の権限を審査部長や支店長に譲渡して、効率化を図ることになっています。

　すなわち、この稟議書は、本来、皆が集まって会議を開くべき案件を、その検討内容を簡単に絞り込んでまとめたものということになります。この意思決定のシステムを稟議制度と言っていますが、これは日本特有の制度です。会議開催の手間を除き、案件の関係者に回覧して、時には根回しなどをして、円滑に合意を得ることができるものです。しかし、関係者に回覧するのに、時間と手間がかかり過ぎて、取引先のビジネス

32

チャンスを損なうことがあります。また、本部にいる頭取などの意思決定者の承認の印鑑はあるものの、稟議案件が全員の合意事項であるために、責任の所在が曖昧になったり、途中の回覧者がその上司への忖度を行うこともあります。

　また、稟議書は論文のように長く書かれると、承認者が結論を把握しにくかったり、重要事項を見落としてしまうことがあるために、金融機関では、稟議書を作成する際、「必要な書類を別途、添付書類とする」「実態把握を容易にするために、比較や時系列フォローを数値で明記する」「視覚的に見やすいデータやグラフで説明する」「箇条書きなどで要点を整理する」などの記載が仕来りになっています。この金融機関の長年にわたる仕来りが、ESG地域金融の金融機関へ導入することに対する弊害になるようです。

2　各金融機関ともESG地域金融を稟議化するのは難題

　金融機関の取引先に対する意思決定項目は、原則、社内の稟議書による審査が主流になっています。しかも、その稟議書は、支店の取引先担当者が起案者になり、本部の意思決定者まではその稟議書が回覧されますし、稟議書は、上記の定型フォームとなっており、記載の要領は、添付書類化や数値化、データ・グラフ化に加えて、箇条書きなどで要点を整理することになっています。

　そこで、この「ESG地域金融」や「SDGs」など、実態を把握するのに、数値で明記しにくい案件や、視覚的に見やすいデータやグラフで説明することができない案件は、稟議書の形式で上司にその内容を伝達することは難しいと思います。稟議書の添付書類に必要事項を書けば良いと思われますが、融資経験も少なく行内での発言力も小さい融資担当者は、このことは「言うや易く行うは難し」の課題になると思われます。また、現在使われている稟議書の「返済期日」や「返済方法」また「担保」なども、「ESG地域金融」や「SDGs」など案件の場合は、稟議書

上に数値を埋めるにはほとんどできないようです。その上に、企業単独の内容ばかりではなく、ステークホルダーや地域社会の環境問題などを、将来の実態と全体の姿を、稟議書の添付書類として作成することは、融資担当者には、なかなかできないことかもしれません。「ESG 地域金融」や「SDGs」の重要事項は、「シナリオ形式」で作成するべきということを言われますが、融資担当者にはこれは難しい注文になります。ちなみに、シナリオとは、脚本や台本と言われますが、これは、場面の構成や人物の動き・台詞などを書き込んだもので、「シナリオ形式」の記載とは、対象企業の目標達成へのアクションプランのイメージを、全体的にも部分的にも、また現在・将来にわたって明確にすることです。具体的な案件に対しても、総合的に理解し、開示効果も深めていかないと、なかなかこのシナリオ形式の添付資料は作成できないものです。

　緊急案件や金額の大きい案件などで、経営陣から直接指示を受ける「トップ・ダウン案件」と言われるものがありますが、この案件を、融資担当者が、稟議書に落とし込むことは、組織人として注意しなければなりません。経営陣がほぼ結論を決めていることがほとんどですが、コンプライアンスの問題もあることから、融資担当者としては、融資対象や事業内容について、より客観的かつ精緻に調査をおこなって、稟議書を作成し、回付することが欠かせません。現在においては、この「ESG 地域金融」や「SDGs」の案件も、融資担当者としては全体像が見えないことが多いようで、トップダウンの案件のように思われるかもしれませんので、逆に、融資担当者は、これらの案件に対しては、より客観的かつ精緻に調査しなければなりません。しかし、融資担当者は、まだ、「ESG 地域金融」や「SDGs」の情報が少なく、難しいかもしれません。

　実際、「ESG 地域金融実践ガイド 2.1」の「実務者向けサマリー」に沿って、融資担当者が稟議書を作成することは、現実問題として、とても難しいと思います。スコアリンスシートや格付け作成表に沿って、企業の融資評価することに慣れてしまった融資担当者は、「実務者向けサマリー」における「3 つのアプローチと共通する 4 つの重要な事項」に沿って、実態把握を数値で明記したり、データやグラフで説明することは、

至難の業かもしれません。地域のビッグデータから、該当数値を見つけることも難しいし、稟議書の添付書類にふさわしい数値やグラフを捻出することは、さらに難航するものと思われます。

　支店の融資担当者は、従来のように、「箇条書きなどで要点を整理する」ことに注力しようとしますが、やはり、言葉足らずであって難しく、ESG地域金融の必須事項である将来の「シナリオ」にチャレンジしたいと思いますが、意思決定者の間にいる中間管理職の上司の承諾は得られないかもしれません。一方、本部の意思決定者は「実態把握を容易に比較や時系列フォローの数値」や「データやグラフ」の説明が記載されていないと、案件の理解が難しいといって、承認の印鑑を押してくれないかもしれません。

　とにかく、金融機関の稟議書に承認印を押す人々は、「ESG地域金融実践ガイド2.1」の「経営陣向けサマリー」や「実務者向けサマリー」などや、金融庁が旗を振っている、後述の「サステナブルファイナンス有識者会議報告書」の「サステナブルファイナンスの取組全体像」の趣旨を理解する必要があります。

3 「ESG地域金融実践ガイド2.1」の「実務者向けサマリー」は、稟議書の方向性を表す

　「ESG地域金融実践ガイド2.1」における「経営陣向けサマリー」や「実務者向けサマリー」が広がって、「実務者向けサマリー」の3つのアプローチや4つの重要事項によって、企業融資のリスクが低下でき、倒産確率も引き下げることが見込まれるならば、このことが稟議承認件数を増加させることになると思います。現時点では、各地域金融機関において、まだ、この3つのアプローチや4つの重要事項の条件だけでは、与信リスクを下げることはできないと思います。ただし、「実務者向けサマリー」の「ESG地域金融実践ガイド2.1」の「1，地域資源・課題を対象にした取組」「2，主要産業を対象にした取組」「3，個別企業を対象にした取組」の3つのアプローチによって、各金融機関がESG金

融の稟議書に記載される内容を固めることができれば、稟議制度が導入できると思います。

　また、「実務者向けサマリー」の４つの重要事項である、「１，地域資源の持続可能な活用に向けた価値の理解」「２，バリューチェーンと対象産業／企業の位置づけ把握」「３，地域の環境・社会・経済へのポジティブインパクトの創出」「４，環境変化の把握と影響の理解」についても各金融機関の理解が深まれば、稟議化は可能かもしれません（この３つのアプローチと４つの重要事項は「本書 p.159 〜 162」を参照してください）。

　ちなみに、この「ESG 地域金融実践ガイド 2.1」の「２，目的」では、「本ガイドは、地域金融機関が事業性評価に基づく融資・本業支援等の金融行動において ESG 要素を考慮し、組織全体として ESG 地域金融に取り組む手引書」と、書かれています。

> 本実践ガイドは、地域金融機関が事業性評価に基づく融資・本業支援等の金融行動において ESG 要素を考慮し、組織全体として ESG 地域金融に取り組むための手引きです。「地域における ESG 金融促進事業」を通じて得られた経験と成果を共有し、これから ESG に取り組もうとする地域金融機関にとっての道しるべとなることを目的としています

4　サステナブルファイナンス有識者会議報告書も、稟議書の方向性を表す

　2020 年 10 月 26 日の所信表明演説において、菅義偉内閣総理大臣は「2050 年までに、温室効果ガスの排出を全体としてゼロにする、すなわち 2050 年カーボンニュートラル、脱炭素社会の実現を目指す」ことを宣言しました。

　日本においては、SDGs やカーボンニュートラルの課題は、この公表によって、大きな転換を迎えました。この転換を、「経済と環境の好循

環」につなげることが政府全体の課題であり、世界が脱炭素へと向かう中での、日本の金融の新たな成長分野への進出になりました。

　日本企業は脱炭素社会の実現に貢献する高い技術・潜在力を有しているので、3,000兆円ともいわれる世界のESG投資資金を日本に呼び込み、国内外の成長資金がこうした企業の取組みに活用されるよう、金融機関や金融資本市場が適切に機能を発揮することが重要であるとされました。そこで、早速、2020年12月、金融庁に「サステナブルファイナンス有識者会議」が設置され、この会議の活動がスタートしました。サステナブルファイナンスの推進に向けた諸施策について検討を行うことになりました。その活動の報告者は以下の通りです。金融庁の監督下にあるすべての金融機関は、サステナブルファイナンス有識者会議の動向と、そのサステナブルファイナンス有識者会議の報告書については、まだ、具体的なアクションプランを示してはいないものの、その方向性は示されていることから、十分にフォローをしておく必要があります。将来は、この報告者とこれからの改訂版が、それぞれの金融機関の融資・稟議制度に大きく影響するものと思われます。

サステナブルファイナンス有識者会議　報告書
持続可能な社会を支える金融システムの構築

2021年6月18日

1)「サステナブルファイナンス有識者会議報告書」の概要

　地域金融機関の経営者は、金融庁が旗を振っている「サステナブルファイナンス有識者会議」に注目し、「サステナブルファイナンス有識者会議報告書」の内容を注視しています。その報告書のポイントは、下図にまとめられています。

サステナブルファイナンス有識者会議 第二次報告書 －持続可能な新しい社会を切り拓く金融システム－

- 金融庁サステナブルファイナンス有識者会議は、昨年6月に報告書を公表し、「企業開示の充実」、「市場機能の発揮」、「金融機関の投融資先支援とリスク管理」などのサステナブルファイナンスの推進に向けた各施策について、提言。
- 今般、この1年の各施策の進捗状況のほか、国内外の動向等を踏まえた更なる課題と提言を発信するため、有識者会議としての第2弾の報告書を公表。

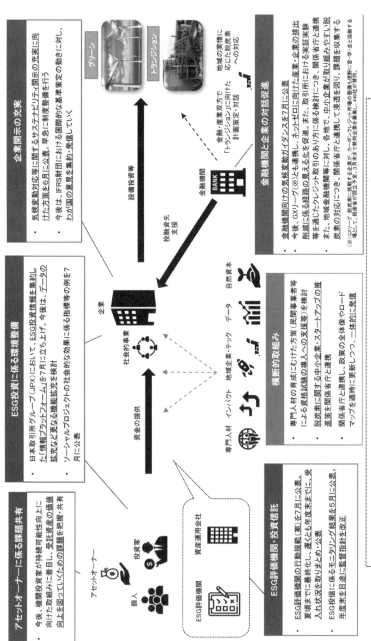

企業開示の充実

- 気候変動対応等に関するサステナビリティ開示の充実に向けた方策を6月に公表。早急に制度整備を行う
- 今後は、IFRS財団における国際的な基準策定の動きに対し、わが国の意見を集約的に発信していく

金融機関等

- 金融・産業双方で「トランジション」に向けた計画策定・対話

ESG投資に係る環境整備

- 日本取引所グループ（JPX）において、ESG投資情報を集約した「情報プラットフォーム」を7月に立上げ。今後は、データの拡充など更なる機能拡充を検討
- ソーシャルプロジェクトの社会的効果に係る指標等の例を7月に公表

金融機関と企業の対話促進

- 金融機関向けの気候変動対応ガイダンスを7月に公表。
- 今後、GX（※）とも連携し、ネットゼロに向けた産業・企業の提出削減に係る経路等の見える化を促進。取引先における実態把握等を通じたトランジション取引のあり方につき、関係省庁と連携。
- また、地域金融機関等に対し、各地で、中小企業が取り組みやすい脱炭素の対応につき、関係省庁と連携し、支援を図り、課題を吸収する
- マップで適切に連携、更新しつつ、一体的に発信

（※）GXリーグ：脱炭素に取り組む企業が、カーボンニュートラル市場の整備や経済・社会全体の変革を牽引・先導することをねらいとして経産省が設立予定。3月末まで賛同企業を募集し、440社近が賛同。

アセットオーナーに係る課題の共有

- 今後、機関投資家が持続可能性向上に向けた取組みに着目。受託資産の価値向上を図っていくための課題等を把握・共有

横断的な取組み

- 専門人材の育成にむけた方策（民間事業者等による資格試験の導入への支援等）を検討
- 脱炭素に関する中小企業・スタートアップの進捗を関係省庁と連携

ESG評価機関・投資信託

- ESG評価機関の行動規範（案）を7月に公表。年度末までに最終化し、遅くとも年度末までに、受入れ状況等をとりまとめ公表。
- ESG投資に係るモニタリング結果を5月に公表。年度末を目処に監督指針を改正

- 有識者会議として、今後も随時、サステナブルファイナンスの施策の全体像・進捗状況等をフォローアップ・取りまとめ、発信。

　現在の段階では、金融機関は、ESG地域金融を把握するときには、市場機能部分である、「アセットオーナーに係る課題共有」「ESG投資に係る環境整備」「ESG評価期間・投資信託」を見て、「企業開示の充実」と、「金融機関と企業の対話促進」それに、「横断的取組」の順番に全体像を把握していくと思います。

　これは、以下の2021年6月18日の「サステナブルファイナンス有識者会議報告書（概要）」を見ることで、理解が深まります。そして、２０２２年の第二次報告書でも、2021年の第一次報告書の基本的構成を維持しており、そのポイントは、「企業開示の充実」「市場機能の発揮（アセットオーナーに係る課題共有、ESG投資に係る環境整備、ESG評価期間・投資信託）」「金融機関の 機能発揮」の３つの柱のほか、「横断的課題」を掲げています。

　当面は、これらの「３つの柱と横断的課題」については、ESG地域金融の検討事項であり、アクションプランにまでは昇華されておらず、PDCA〈Plan（計画）、Do（実行）、Check（評価）、Action（改善）〉サイクルを回す段階にはありません。金融機関内部の稟議書においては、PDCAサイクルを回しながら、業績貢献度やリスク率を算定して、チェックリストやスコアリングシートを作成し、融資実行の座標軸を作成します。この「３つの柱と横断的課題」の段階では、稟議書の座標軸にすることはできないと思います。

　とはいうものの、「サステナブルファイナンス有識者会議」は、今後も随時変化が見込まれるサステナブルファイナンスに関する課題や必要な施策などを含めて、その進捗状況や課題の入れ替わり等について、適時に更改・発信していくものと思われます。各地域金融機関においては、自行庫で成長要因やリスク要因の分析を行ないながら、常にフォローし、稟議書による審査の判断要因の基準に組み入れることが重要に思います。

サステナブルファイナンス有識者会議報告書（概要）
―持続可能な社会を支える金融システムの構築―

第1章 総論

基本的視点

サステナブルファイナンスは、持続可能な社会を支えるインフラ。民間セクターが主体的に取り組むとともに、政策的にも推進すべき。

横断的論点

ESG要素を考慮することは、受託者責任を果たす上で望ましい対応。

インパクトファイナンスの普及・実践に向け、多様なアイディアを実装していくことが望ましい。

タクソノミーに関する国際的な議論への参画、トランジション・ファイナンスの推進（分野別ロードマップの策定等）が重要。

第2章 企業開示の充実

投資家・金融機関との建設的な対話に資する、サステナビリティ情報に関する適切な企業開示のあり方について幅広く検討を行うことが適当。

サステナビリティ

比較可能性で整合性のとれたサステナビリティ報告基準の策定に向け、日本として、IFRS財団における基準策定に積極的に参画すべき。

気候関連

コーポレートガバナンス・コードの改訂（2021年6月）を踏まえTCFD等に基づく気候変動開示の質と量の充実を促すと共に、国際的な動向を注視しながら検討を継続的に進めていくことが重要。

第3章 市場機能の発揮

「グリーン国際金融センター」の実現により、世界・アジアにおける持続可能な社会の構築に向けた投資の活性化に貢献。市場の主要プレイヤーが、期待される役割を適切に果たすことが必要。

横断的投資家

ESG投資の積極的な推進やエンゲージメントに向けたコミットメントを強化することが重要。また、脱炭素化を目的とする投資の国際的な取組みに努めるべき。

個人の投資機会

ESG関連投資信託の組成や販売に当たって商品特性を顧客に丁寧に説明すべき。その後の選定銘柄の状況を継続的に説明すべき。金融機関において、資産運用業者等に対するモニタリングを進めることが重要。

ESG評価・データ機関

金融庁において、ESG評価・データ提供機関に期待される行動規範のあり方について、議論を進めることを期待。

ESG関連プラットフォーム

諸外国における取組事例を踏まえ、グリーンボンド等に関する実務上有益な情報が得られる環境整備や、ESG関連債の適格性を客観的に認証する枠組みの構築を期待。

第4章 金融機関の投資先支援とリスク管理

金融機関が、サステナビリティに関する機会とリスクの視点をビジネス戦略やリスク管理に織り込み、実体経済の移行を支えることが重要。

投資先支援

投資先の気候変動対応支援のため、ノウハウの蓄積やスキルの向上、分析ツールの開発等を進めることが重要。

リスク管理

金融庁において、金融機関とシナリオ分析の活用について議論を進めるなど、気候変動リスク管理態勢の構築を促すことが適当（上記の投資先も含め、気候変動リスクに係る監督上のガイダンスを策定）。

2)「サステナブルファイナンス有識者会議報告書」 「ESG地域金融実践ガイド2.1」の利活用

　金融庁としては、「サステナブルファイナンス有識者会議」によって、サステナブルファイナンスに係る課題・施策を、上記で述べたように「企業開示の充実」、「市場機能の発揮」、「金融機関の投融資先支援とリスク管理」と「横断的な論点」も含めて、各関係省庁や各機関と連携して実施しています。また、有識者会議は、これからも継続的にフォローアップを行い、随時更新・発信を行っていくことになっています。特に、中小企業については、環境省のESG地域金融の取組みと連携して、金融機関におけるSDGsの実践等を通じた地域経済の持続的成長に向けた取組みを実施していくことになっています。具体的には、「ESG地域金融実践ガイド2.1」の内容を重視しながら、支援することになっています。

　なお、地域の中小企業は、わが国の雇用の約7割を支え、日本全体の温室効果ガス排出量の1割～2割弱を占めていることから、「ESG地域金融実践ガイド2.1」の内容に沿って、中小企業の取組みを加速し、イノベーションの実現も重要であると見られています。

　気候変動課題への対応は、中小企業にとっても、省エネによるコスト削減や、製品や企業の競争力向上等で経営力強化につながり得るものですから、政府の支援策等も利活用していくことになっています。

　各関係省庁や各機関との連携や、政府の支援策等は、ESG地域金融との相乗効果が大きいことから、稟議作成に役立つことになります。

6 ESG要素を考慮した「事業性評価」こそ、ESG地域金融の審査・稟議に必須

　地域金融機関が、取引先企業に ESG 地域金融を導入し、持続可能なサステナブルの社会を構築するには、以下の 3 つのアプローチが必要になります。

▶▶▶ **ESG地域金融における3つのアプローチ概要**

- 本ガイドでは、持続可能な地域の実現に向けた、**ESG地域金融の実践アプローチを3つに分類**している。
- 1つ目が、地域を俯瞰し、地域の長期目標や成長戦略等の実現に向けた地域資源の活用を検討・実践するアプローチ。2つ目が地域経済や自らのポートフォリオにおいて重要となる産業を対象に、その持続可能性の向上に向けた対応策の検討および実践を支援するためのアプローチ。そして3つ目が個別企業・事業を対象にその価値向上に向けた事業性評価、それに基づく融資・本業支援を実践するアプローチである。

アプローチ	取組概要
1 地域資源の特定および課題解決策の検討・支援（地域資源・課題を対象にした取組）	✓ 地域資源を見極め、顕在化あるいは予見される地域課題の解決に向けたビジネスの創出 ✓ 地域の長期戦略等を踏まえ、地域資源を活用した課題解決につながる事業等をステークホルダーと連携して検討 ✓ 検討結果の実現に向けた支援を実施
2 主要産業の持続可能性向上に関する検討・支援（主要産業を対象にした取組）	✓ 地域の主要な産業やポートフォリオの多くを占める産業など、地域金融機関にとって重要な産業が抱える中長期的な動向（リスク・機会になりうる項目など）を整理 ✓ 特定した課題に対して、対象産業の方向性を踏まえ、金融機関として持続可能な取組を促進するための支援策を検討・実施
3 企業価値の向上に向けた支援（個別企業を対象にした取組）	✓ 取引先企業を対象に、ESG要素を考慮した事業性評価を実施し、リスク・機会を把握 ✓ 事業性評価を踏まえ、企業価値の向上に向けた本業支援を実施

　ただし、「ESG 地域金融における 3 つのアプローチの概要」の手法においては、現在の金融機関が行っている融資手法である「事業性評価融資」の手法が必要になります。特に、3 つ目の「個別企業・事業を対象にその価値向上に向けた事業性評価、それに基づく融資・本業支援を実践するアプローチ」については、どの場面にも、この「事業性評価」の見方が必要になっており、ESG 要素が加味されたものになっています。事業性評価手法については、すべての金融機関ですでに実践されている手法です。1 つ目の「地域を俯瞰し、地域の長期目標や成長戦略等の実

現に向けた地域資源の活用を検討・実践するアプローチ」や、2つ目の「地域経済や自らのポートフォリオにおいて重要となる産業を対象に、その持続可能性の向上に向けた対応策の検討および実践を支援するためのアプローチ」についても金融機関の融資担当者には今まで経験したことのない世界のように思われるかもしれませんが、実は、外部環境分析や、サプライチェーン分析において、当然考えている内容になっています。今までの金融機関の取引先担当者は、そんなことまで考えたことはないと思ったとしても、目の前の取引先の現在・過去・未来の環境を考えて、商品やサービスの流れを俯瞰して、融資のイメージを描いているものと思われます。金融機関のメンバーは、取引先企業の年間収益の増加や資産内容の健全化を支援することをミッションとしていますので、自然に、1つの企業ベースの外部環境分析やサプライチェーン分析を行っているのです。この企業の回りの状況や取扱商品・サービスのことを考えれば、1つ目の地域資源と、2つ目の地域経済の重要となる産業などとの持続可能性については、熟慮をしているはずです。したがって、このアプローチも想定外の業務ではありませんが、やはり、忙しい金融機関の内部の会話の中には出てこない見方かもしれません。

　しかし、3つ目の「個別企業・事業を対象にその価値向上に向けた事業性評価、それに基づく融資・本業支援を実践するアプローチ」については、金融機関の融資担当者の本業である「事業性評価融資」をベースにしたアプローチとなっています。ちなみに、「ESG 地域金融実践ガイド 2.1」では、3つ目のアプローチは、1つ目と2つ目の応用編になっていますが、この記載事項のベースにはすべて「事業性評価」の考え方・見方が浸透しています。

　なお、以下の4つの項目は、その「事業性評価」が強調されている内容です。是非、精読をお願いします。

▶▶▶ **個別企業を対象にした企業価値向上に向けた支援概要**

目的と狙い

本アプローチの目的は、取引先企業を対象にESG要素を考慮した事業性評価を行い、中長期的なリスクや機会を検討することで、企業/案件の価値向上に向けた支援策を行うことである。その際、地域へのインパクト※を把握することで、取引先企業への支援を通じて、地域の持続可能性向上にも資する取組を実践する。

概要
ESG要素を考慮した事業性評価では、対象産業の将来想定される外部環境動向を整理した上で、ヒアリングを通じて企業/案件が創出するインパクトをバリューチェーン全体で評価する。評価結果を基に、地域に与えるインパクトも考慮しつつ、取引先企業のリスク緩和や機会獲得に向けて、対応策及びその実践に向けた金融機関としての支援策を検討する。

POINT 1

環境・動向変化に対する知見の蓄積
- 地域資源や外部環境、技術に関する一定の知識を、地域金融機関として保有する必要がある。
- 営業店で発掘した個別事例の情報も、**本部で集約し金融機関全体で把握する**ことが重要である。

POINT 2

インパクトの把握
- **バリューチェーンを通じて**インパクトを把握し、リスク・機会の把握、支援策の検討を実施するとよい。
- **地域へのインパクト**も考慮することが重要である。

※企業/案件における取組が環境・社会に与える影響

▶▶▶ **ESG要素を考慮した事業性評価の目的**

■ ESG要素を考慮した事業性評価は、事業停止リスクの検討に加え、企業・事業価値向上につながる機会やリスクの検討、さらに地域へのインパクト評価を行う。
- 事業停止リスクの検討 ： 大気汚染や土壌汚染など、ESGに関するネガティブ要素を確認し、事業停止リスクを最小化。
- リスク・機会の検討 ： ESG要素を考慮して対象事業の売上、収益向上につながる機会獲得やリスク低減に向けた取組を支援。
- インパクト評価 ： 資金供給を行う意義を明確にするため、地域の環境や経済・社会へのインパクトを評価。

実施事項	事業性評価における考え方の例
事業停止リスクの検討	✓ 法令違反（大気汚染や土壌汚染などに関する基準の超過）や座礁資産（石炭火力発電など環境変化により価値が大きく毀損する資産）、人権侵害等、環境や社会に多大なる悪影響を及ぼす事項を確認し、事業停止リスクを最小限化する
ESG要素を考慮したリスク・機会の検討	✓ 中長期的に財務的な影響を及ぼす機会やリスクを検討 ✓ 特定したリスクや機会に関して、リスク緩和や機会獲得に向けた対話や支援を実施し、事業・企業価値の向上につなげる
環境・社会へのインパクト評価	✓ 取組により生じる環境・経済・社会の変化（インパクト）を把握し、リスク・機会の検討に活用するとともに、地域金融機関として支援をする意義を明確にする

実践ポイント ✓ リスク、機会につながるインパクトを及ぼす取組に関しては継続的にモニタリングを実施し、将来のキャッシュフローの改善につなげることが重要

*すべての案件を対象とする。資金使途が明確でない、恒常的事業を持つ事業者の運転資金の場合、企業のポートフォリオで大きなシェアを占める事業を対象にESG要素を踏まえた事業性評価を実施

▶▶▶ 将来的な事業への影響の検討

- 将来の事業性を評価するにあたり、対象事業の取組が環境・社会にどのような影響（インパクト）を及ぼしているかを把握することが１つの方法として存在する。
- 具体的には、環境・社会にネガティブなインパクトを及ぼしていることは、規制や取引条件の変化に伴い将来的な事業リスクになりうる一方で、ポジティブなインパクトを及ぼす場合、将来的な事業価値を向上するための強みになりうる。
- そのため、商流を整理・把握した後に、「事業が環境・社会に及ぼす影響（インパクト）」と「外部環境の変化」を適切に把握・整理していくことが求められる。

ESG要素を考慮した事業性評価における考え方

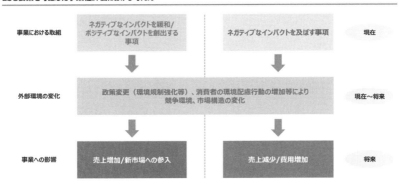

▶▶▶ 事業性評価における考え方ー将来性の評価

- ➢ 地域課題解決の観点から好ましい企業/案件でも、単体では短期的に採算性に乏しいこともある。
- ➢ 将来的に地域課題解決に貢献するものであれば、長期的には収益を生む公算があるので、それに向けてビジネスモデル改善等の支援・アドバイスを行う。
- ➢ 例えば、他部門の事業（案件）やグループ企業との連結、地域全体の収支バランス、自治体の財政的支援なども組み合わせることで、支援の可能性を見いだす。⇒将来の価値が収益化する可能性に繋がる

	ESG要素に着目した事業性評価で考慮すべき事項
持続可能性	✓原料や土地、人材、技術等の操業条件が将来も持続的に利用可能か 　（想定するビジネスモデルは10年以上先も大丈夫か、利用できなくなるような社会的潮流、環境問題の議論の方向性や政策動向はないか） ✓財務だけでなく非財務・外部の環境・社会要因も考慮して、事業が停止する恐れがないか
成長性	✓地域資源の発掘、活用によって地域にもたらされる波及効果が大きいか ✓環境・社会課題解決ビジネスとしての将来の成長性・事業機会があるか

【支援産業の動向や将来性を検討する】
今後の原料需要や新技術の動向もふまえると、今そこにある環境問題の解決という利点だけでなく、キャッシュフローに影響しうるリスクの両面があると気づいた。他にも、開発計画など、融資期間中に予見される事象による地域環境問題への寄与もふまえて、当事業の意義を再確認。グループ企業全体でのバリューチェーン改善の可能性が見えてきた。

【地域全体の収支を考慮し支援を検討する】
- 案件単体では採算が合わない案件でも、他のプロジェクトを連結させて採算性をとる等で工夫。地域の収支バランス（財政支出に対する自治体の収入増加）も考慮。
- 連結プロジェクトを含めても採算が合わなければ、有識者委員会等で市場拡大による長期収支での採算性を評価することも一案。

「Ⅰ．サステナブルファイナンスとは」では、すでに環境省や金融庁が公表している、ESG 地域金融・サステナブルファイナンスについて、地域の中小企業や地域金融機関また行政機関の皆様に、大つかみの話をしてきました。そして、この ESG 地域金融やサステナブルファイナンスは、地域金融機関の融資審査の中心になりつつある「事業性評価」の延長線上に、上乗せされたものであることに触れました。今後は、ESG 要素を考慮した「事業性評価」が、地域金融機関の喫緊の課題であることを理解して頂いたと思います。そこで、「Ⅱ．サステナブルファイナンスを展望した事業性評価融資の審査手法」では、この ESG 要素を考慮した事業性評価融資とサステナブルファイナンスについて取引先交渉や過去の融資との違い、また活用手法について深堀りしていきます。

II.

サステナブルファイナンスを展望した
事業性評価融資の審査手法

1 地域金融機関の サステナブルファイナンスと 事業性評価融資の取引先との交渉

　サステナブルファイナンスと事業性評価融資は、今まで実施されてきた事業融資の審査の延長上にありますが、交渉のプロセスは異なります。

　サステナブルファイナンスは、持続可能な社会を支える金融ですが、外部環境を吟味する審査を通して実行します。事業性評価融資は、長期的な視野にて、主に企業を対象にした事業の内容や成長可能性を実践する融資です。この事業性評価融資に、ESG要素を考慮するとサステナブルファイナンス（ESG地域金融）にもなります。

　すなわち、この事業融資は、企業の1つの事業活動への立替え融資ですが、事業性評価融資は多くの事業の集積体である企業が長期的で広範囲の成長可能性を重視する融資ですし、サステナブルファイナンスとは、その「事業性評価融資」にESG要素である環境・社会・要因を加えて持続可能性を求める融資と言うことになります

　これからは、従来の「事業融資」から、「事業性評価融資」を通して、「サステナブルファイナンス」へと、金融機関は企業活動に対する資金支援を拡大していくことになります。その資金支援は、金融機関が取引先企業の経営に対し、長期でワイドの展望を持つことが求められ、その融資担当者はそれぞれの融資形態に沿った審査内容を意識して、企業経営のコンサルティングを行使することになります。

　その具体的なやり取りを、金融機関営業店の融資担当者と取引先経営者との対話で「事業融資」「事業性評価融資」「サステナブルファイナンス」に分けて、以下に示すことにします。

融資担当者と取引先経営者との対話

事業融資

　A社経営者は、取引先のB銀行の支店担当者を訪問し、1,000万円の仕入資金融資の申し込みをしました。

融資担当者　：1,000万円のお借入れの申込みについてですが、資金使途と返済内容を教えていただけますか。

取引先経営者：はい、これは仕入れ資金で、3カ月後には完売しますので、売掛け期間2カ月を考えて、5（＝3＋2）カ月後に売上げは入金になりますので、ただちに返済することができます。

1）キャッシュフロー・損益・担保などの質問と資料提出の依頼

融資担当者　：わかりました。その仕入れの事業では、いくらくらい、利益が上がりますか。この仕入れに関して、予想外のことが起きた場合の担保についていかがお考えですか。また、融資期間の5カ月間の御社の資金の動きも教えてください。

取引先経営者：短期の借入れですから、担保の差し入れは考えていませんでした。信用扱いでご支援をお願いします。

融資担当者　：では、決算報告書はすでに頂いていますから、仕入れ・販売の計画書と試算表・資金繰り実績予想表を提出してください。それから、最近の取引金融機関のお借入残高も教えてください。

取引先経営者：わかりました。すぐ用意します。

　数日後、取引先経営者は、決算報告書と試算表・資金繰り実績予想表を持参して、最近の取引金融機関のお借入残高一覧のメモを持って来店しました。経営者は、借り入れ1,000万円を記載した「仕入れ・販売の計画書」を担当者に見せながら、以下の対話を行いました。

2）今後の業況予測のヒアリング

取引先経営者：先日、ご指示のあった書類を持参しました。

融資担当者　：ありがとうございます。では、その書類についてご質問させてください。「仕入れ・販売の計画書」についてですが、仕入れた商品の販売先は決まっているのですか。その販売先の中で、売掛期間が長い先はありませんか。新規の販売先はありますか。もしも、販売先が少なかったり、売掛金の回収期間が延びた場合は、今回の融資の期日返済が難しくなることはありませんか。それから、5カ月後の返済期日までに業績が落ち込んだり、回収が遅い先が倒産などになることはありませんか。試算表・資金繰り実績予想表には、そのようなリスクが、数値として出ているところはありませんか。

取引先経営者：今回の融資の期日返済が難しくなることは、現状では考えられませんし、試算表・資金繰り実績予想表でも異常値はありません。また、5カ月後の返済期日までに業績が落ち込むことはないと思いますし、回収が遅い取引先も倒産などないと思います。しかし、なぜ、そのようなことをいろいろとお聞きになるのですか。

融資担当者　：やはり、信用扱いで融資する場合は、返済期日までのキャッシュフローや、その間のリスクを詳しく教えて貰わなければなりません。融資期間中に業績が悪化したならば、その赤字に対して返済財源の現金が投入され、返済資金が不足することがあるかもしれません。担保があれば、その担保資産を売却して返済してもらえますが、信用扱い融資は、御社のキャッシュフローや手許現金の予想をしっかりしなければ、他に返済の保証はないと思いますので。なかなか、そのような点まで詰めていないと、本部審査部の承認が取れませんから、お聞きしたという

　　　　　　ことです。

3) 金融機関の審査内容についての質問

取引先経営者：では、すでにお出ししている決算報告書はどのように使
　　　　　　われるのですか。格付けを決めて、その会社の信用状況
　　　　　　を前もって把握すると聞いていますが、その格付け評価
　　　　　　で、来年の決算までは、柔軟に融資をしてくれると聞き
　　　　　　ましたが。その上に、試算表・資金繰り実績予想表は、
　　　　　　なぜ必要なのですか。御行では、それらの資料をどのよ
　　　　　　うに活用するのですか。

融資担当者　：その決算報告書ができるのは、お受けする時よりも２～
　　　　　　３カ月前の内容ですね。現在の会社の業況を知るには、
　　　　　　直近の試算表が必要になるのです。それから、融資は現
　　　　　　金をお出しして、現金で返済してもらいますから、資金
　　　　　　繰り実績予想表で現金の動きをチェックさせてもらいま
　　　　　　す。金融機関の融資は、原則１年以内の短期融資ですの
　　　　　　で、現金の動き、すなわち、キャッシュフローを把握し
　　　　　　なければならないのです。大きな利益が上がっていても、
　　　　　　現金がなければ返済はできませんので、金融機関は、現
　　　　　　金の動きをフォローすることになっているのです。

取引先経営者：なるほど、提出書類についてはわかりましたが、それな
　　　　　　らば、金融機関は現金のことだけを注意すれば良いとい
　　　　　　うことではないですか。

融資担当者　：極端にいえば、その通りですが、現金はいつでも使えま
　　　　　　すし、いつでも積み増しができますから、その背景を金
　　　　　　融機関としては、見ていきたいのです。在庫や設備・人
　　　　　　材を増やしたり、利益が減少したり、買い掛け期間が短
　　　　　　縮されても、現金は減ってしまいますし、利益が増加し
　　　　　　て、売掛け期間が短くなることでも現金は増加しますの

で、金融機関としては、企業のそのような動きまで把握
したいし、その原因について、経営者の皆様とお話しす
ることがコンサルになると言われています。

取引先経営者：確かに、現金は業績の鏡のようなモノですね。私もその
点はわかっているつもりでしたが、その対話の中で気付
かされることがありました。良きコンサルですね。今後
ともよろしくお願いします。

　実は、私どもとしては、今回申し込みました1,000万
円の仕入れ資金融資については、正確な金額にはなって
いないのです。仕入れ資金として月末に支払う金額は
700万円で、差額の300万円については、人件費や他の
金融機関の毎月返済分になっています。キャッシュフロ
ーを厳密に分析してみると、月末の支払い1,000万円は
すべて仕入れ資金というわけではないのです。

融資担当者　：それは、困りましたね。700万円については、仕入れ資
金融資として、稟議を上げることはできますが、差額の
300万円については、稟議を上げることは難しいと思い
ます。もしも、返済期日までに、この仕入れ事業で利益
分を含めて1,000万円を超える入金がない場合は、返済
ができなくなってしまいますね。期日に返済ができるな
らば、いろいろ考えられますが、これでは、資金使途も
返済期日も期日一括返済も不可能になってしまいますね。

取引先経営者：おっしゃることはわかりますが、やはり、月末までに
1,000万円融資して頂けないと、当社の資金繰りは困っ
てしまいます。現在は、期日返済は、300万円程度不足
しますが、その期日までの間、この仕入れ・販売で利益
を上げたり、他の事業で資金の捻出をしたいと思います
ので、今回は1,000万円の融資をお願いできませんか。

融資担当者　：お気持ちはわかりますが、この資金繰り予想表のままで
は700万円の融資で稟議を上げることしかできないと思

います。

取引先経営者：何とか、満額の1,000万円を融資して頂けないでしょうか。資金繰り予想表を修正しても、難しいでしょうか。

融資担当者　：私どもから、架空の数値を作成してくださいとはいえませんので、もう一度、ご検討をお願いします。（実質、この事業融資の申込みは謝絶ということになりました。）

事業性評価融資

　A社経営者は、取引先のC銀行の支店担当者を訪問し、1,000万円の仕入資金融資の申し込みをしました。

　融資担当者　：1,000万円のお借入れの申込みについてですが、資金使途と返済内容を教えていただけますか。

　取引先経営者：はい、これは仕入れ資金で、3カ月後には完売しますので、売掛け期間2カ月を考えて、5（＝3＋2）カ月後に返済できます。

1）会社の業績面と資金ニーズの変化についての質疑

融資担当者　：しかし、以前のお借入れが、まだ返済されていませんね。それが返済した後に、新しい融資を申し込んでください。

取引先経営者：売上は増加していますが、その入金が遅れています。現在は、新しい取引先からの商品ニーズが高まり、販売員や輸送業務者の採用も行いたいと思っています。多くの事業で、立て替え資金のニーズがあって、金融機関の融資をお願いしたいのですが。

融資担当者　：今のご説明で、事業が拡大していることはわかりますが、個々の事業の契約書や請求書、また入金明細などを、見せてもらえますか。また、この事業の成長可能性や経営改善計画書があれば、それも見せてもらいたいですね。また、仕入れ計画書と試算表・資金繰り実績予想表もお

願いします。

取引先経営者：わかりました。それらの資料は、担当者が用意しますが、私が話した実態は、会社に来ていただければ、さらに詳しくお話しできます。

2) 企業訪問による実態把握の勧め

融資担当者　：近々、御社に参りますが、今、私がお願いした資料は揃えておいてください。それから、今後の事業計画にとって、ヒト・モノ・カネなどの投入の方向性や、主要取引先や仕入先の動き、それから、御社が関わる種々の企業などに対するアプローチも、現場で具体的に教えていただけますか。私は、御社の事業を総合的に見て、本部の審査部に、個別事業の動向に加えて成長可能性を稟議書にまとめて申請し、融資の承認を取りたいと思っています。また、御社内部や取引先との連携に関して、デジタルデータ化の進捗状況も教えてもらいたいと思います。

取引先経営者：ずいぶん、多くのことについてお話しすることになるのですね。

融資担当者　：そうですね。今までの貸出しは「事業融資」で、例えば、仕入れに関して、そのキャッシュフローを稟議書に書けば良かったのですが、これからの「事業性評価融資」の稟議書の場合については、企業のすべての事業を見て、総合的に企業の成長可能性を、マーケット状況やサプライチェーンまた企業の内部組織、内部統制までヒアリングをして、融資担当者が書類化することになっています。ここまですることは、融資担当者も、ちょっとしたコンサルタントの仕事のようですよ。

取引先経営者：それは大変ですが、取引先企業としては、銀行の担当者の方と意見交換をしたいものです。経営者としては、自

社の経営内容について、総合的に見ることは、なかなか
できないものですからね。

　数日後、融資担当者は、取引先経営者を訪ねて、工場見学と本社内部
の案内をしてもらいました。また、主要取引先や仕入先の注文・納品状
況の一覧表を手渡されました。さらに、最近導入したデジタルデータ機
器とその活用法について説明を受けました。同時に、決算報告書の付属
資料や、試算表・資金繰り実績予想表の詳細資料も見せてもらいました。

融資担当者　：今日は、お忙しい中、私の御社訪問のために時間を取っ
　　　　　　　ていただき、どうもありがとうございました。やはり、
　　　　　　　決算報告書や試算表・資金繰り実績予想表ではわからな
　　　　　　　かったことが見えてきました。私が着任時のご挨拶に伺
　　　　　　　った時に比べて、在庫や仕掛品の増加や、工場の中の活
　　　　　　　気が、ずいぶん違っていることに気づかされました。駐
　　　　　　　車場のトラックの出入りも活発になっていますね。デジ
　　　　　　　タルデータ機器の導入も多くなっていることもあります
　　　　　　　が、事務スペースも広くなっているように感じました。
取引先経営者：そうですね。この１年間に、コロナ禍の巣ごもり需要の
　　　　　　　せいか、当社としては、増収増益になっています。デジ
　　　　　　　タル機器も導入し、各部署の情報交換も活発になって、
　　　　　　　事務所の壁を取って、オープンスペースにしました。営
　　　　　　　業マンの情報入力もスマホで行えるようにして、総務部
　　　　　　　門の情報再入力の負担も解消されています。

3) デジタル化による経営内容の変化についての質疑応答

融資担当者　：それから、「主要取引先や仕入先の注文・納品状況の一覧
　　　　　　　表」を見せてもらいましたが、この一覧表に沿って、仕
　　　　　　　入れ部門や販売部門の業務内容について、その動きや最

近の課題について教えていただけますか。

取引先経営者：わかりましたが、今までは，金融機関の企業訪問では、あまりお聞きにならなかった分野と思いますが、どんな点をお知りになりたいのですか。

融資担当者　：実は、販売・営業部門における企業内部の変化が大きいことから、その実態を教えてもらいたかったのです。業務情報や製造情報を社内でいかに管理し、外部のマーケティング情報と組合わせたり、それらの情報をいかに活用したり、保管されているかなどをお聞きしたかったのです。これらをデジタルデータ化の動きに合わせて、他社連携や内部連携に活用している会社が多くなってきています。

取引先経営者：なるほど、確かに、デジタルデータ化による他社連携や内部連携の動きは目立ってきていますね。仕入れについては、大手の問屋に、当社の工場スタッフや営業マンが、直接注文することが多くなって、後日、その大手問屋から届く「商品明細書」や「請求書」で仕入れ管理をするようになっていますね。逆に、販売先では、恒常取引先について、販売先からメールやチャットで注文を受け、当社の定期便にて搬送を行うように変わってきました。そのために、倉庫の製品管理や運送管理も、営業部門が一部を引き受けるようになっています。これらの連携が、ＤＸ（トランスフォーメーション）の動きの１つのようですね。ただし、現在はその過渡期ですから、従来のやり方とこれからの手法が混在している状況ですね。

4）内部統制とデジタル化の質疑

融資担当者　：では、仕入れの買い掛け期間や販売の立替え期間は、仕入先や売り先の都合で、その期間を左右されることにな

　　　　　　　　るのですか。仕入れ管理や販売管理は、当社のペースで
はできなくなっているということですか。そうすると、
仕入れや販売について、当社の担当者任せになって、コ
ンプライアンス上、問題は生じませんか。また、一斉に
注文が重なった場合は、立て替え資金需要が急に生じた
り、売上げ先の多くが、代金の回収が同時に遅くなった
場合など、資金繰りは困りませんか。内部統制の問題に
は、発展しませんか。

取引先経営者：実際は、販売も仕入れも取引が固まった先に対して実施
していますので、当面は心配ありませんが、将来はその
心配もありますね。デジタルデータ化が進むことによっ
て、内部管理の問題や内部統制の問題が新たに生じると
いうことですね。注意していきたいと思います。また、
金融機関の借り入れについても、企業の内部管理が進む
ことで変わってくるかもしれませんね。今までの仕入れ
資金借入れは、個々の仕入れについて融資の申込みを行
っていましたが、今後は、デジタル化で、仕入れ事業全
体や、時には、在庫と販売の立替え分を総合的に考える
ことになりますので、企業の融資の申込みや、融資の返
済また資金使途の申請方法も変わってくるかもしれませ
んね。

融資担当者　：もしも、仕入れ資金借入れの返済原資の現金が手元にな
くなった場合は、同時に、賞与資金借入れや設備資金借
入れなどの別の借入れに対する返済財源もなくなってし
まいますね。ついては、それらの借入れ全部を企業の利
益から返済していくことになります。その時は、企業全
体の利益力や収益力を見つけ出さなければなりませんの
で、仕入れ資金で借りた資金の返済財源がなくなってし
まった時は、企業全体の動きを見て、改めて利益を算出
して返済財源を見つけ出すということですね。最近の金

融機関はこの事業性評価融資を重視していますので、企業に関わるすべての事業を見直して、企業の将来の成長可能性を見るということですね。

取引先経営者：企業の経営者としては当然の見方ですが、事業に関わるキャッシュフローに拘束される金融機関としては、大きな考え方の変更かもしれませんね。確か、企業審査に関連することで、「金融検査マニュアル別冊（中小企業融資編）」を読んだことがありますが、その中には、企業の技術力や営業力、また経営者の資質を見て融資を行うことと、書かれていたと思います。この技術力・営業力・経営者の資質とは、個々の事業によるキャッシュフローではなく、企業全体の将来の利益力を重視しましょうということですよね。

5）リスク管理のヒアリングと回答

融資担当者　：その通りですね。したがって、これからの金融機関の融資審査は、企業内部の1つの事業のキャッシュフローにこだわるというよりも、企業全体の複数の事業をみて、企業の総合的な企業価値を重視するということになるようですね。大手企業や上場企業においては、仕入れ資金などの運転資金は、季節資金借入れとか、当座貸し越し枠の増減として資金調達をしていますね。中小企業についても、デジタル・データ化が進めば、季節資金借入れ・当座貸し越し枠の借入れが増加することになるかもしれませんね。

取引先経営者：金融機関に事業性評価融資という考え方が定着すれば、今までよりも柔軟な融資が広がりますね。企業サイドとしても、デジタルデータ化で、金融機関に対する情報開示の透明性が高まれば、資金調達も、一層、円滑になる

とも考えられますね。また、中小企業の成長・発展の原動力として、人的資産やネットワークまた組織力などの「知的資産」が明確に認識されるようになって、「知的資産経営」が広がればこれらを事業性評価として、金融機関が柔軟な審査で、融資することにもなるかもしれませんね。

取引先経営者：確かに、最近は、返済なし・期日なしで低利の資本性融資や、返済猶予、ゼロゼロ融資などの融資が広がっていますね。これらの融資は、債務者にとっては、とてもありがたい融資ですから、借り手自身としては、自社はしっかりした企業であると同時に徹底した情報開示をしなければなりませんね。一方、融資する債権者にとっても、出資者として、長期的で客観的な視点で企業を見ていかなければならないということですね。

融資担当者　：まったくその通りですね。出資者が、投資先企業の有価証券報告書を吟味するように、これからの金融機関としては、資本性融資を実行する企業の審査については、有価証券報告書と同様な視点で、融資企業の内容をチェックしなければならないということですね。ということは、資本性融資や返済猶予またゼロゼロ融資についても、事業性評価融資と同様に、または、それ以上に、有価証券報告書と同様な審査を行うということになりますね。

取引先経営者：今までのお話しの中で、従来の「事業融資」は、融資実行時にお約束したキャッシュフローで返済しなければならないことでしたが、現在の事業性評価融資や資本性融資は、企業が行っている事業の内容や成長可能性を明確に情報開示し、融資・債権者が納得できれば、融資が可能になるということですね。話を始めに戻すならば、既存の融資1,000万円の返済が実行されなくとも、新たに、当社の事業の内容や成長可能性を明確に情報開示できる

ならば、新たな融資も実行可能になるということですね。

融資担当者　　：その通りです。もちろん私どもが審査で、追加の1,000万円の融資審査の承認を取ってからということですが。

取引先経営者：それは当然だと思います。では、私どもとしては、さらなる情報提供しますので、事業性評価融資で新たな1,000万円の融資か、以前の融資も合算した2,000万円の融資の稟議を本部に出していただけますか。

融資担当者　　：了解しました。その方向で、本部に稟議を出したいと思います。ところで、最近の中小企業の皆様は、補助金・助成金の情報に長け、金融機関以外からの資金調達を行っているようですが、御社も申し込まれていますか。金融機関としても、今日、お話しした事業性評価融資や資本性融資など、お取引の資金ニーズに沿って補助金などと同様に、金利負担や返済負担の少ない融資も行っています。これらを含めて、いろいろな融資を用意しています。今後はこのような融資商品がかなり増えていくと思いますので、資金ニーズが発生したら、まずは、当方にご連絡をお願いします。

取引先経営者：そうですね。ご相談させて頂きます。それから、補助金や助成金については、当社でも申請して、資金支援を受けています。お陰様で、資金繰りもかなり楽になりました。補助金や助成金の場合は資金の使い方が限定していますので、新規案件の資金ニーズに当てています。そこで一般の金融機関からの資金調達交渉が楽になり、多くの金融機関から借りていた融資については、返済負担の大きい融資を、返済期日が長く毎月の返済金額が少ない融資に切り替えています。時には、ゼロゼロ融資を調達したり、返済猶予も認めてもらっていますから、資金繰りはかなり楽になりました。

融資担当者　　：そうですか。では私どもの融資も、資金繰りに、お役に

　　　　　　　　立っているということですか。

取引先経営者：そうですね。御行の場合は担保なしの信用扱いの融資で
　　　　　　　　すから、ありがたいのです。実際、仕入れ資金としては
　　　　　　　　600万円程度ですから、1,000万円との差額の400万円は
　　　　　　　　D銀行の融資の肩代わりに使わせて頂きます。D銀行の
　　　　　　　　融資には不動産担保を入れていますので、私どもの資金
　　　　　　　　調達力は高まります。御行の信用融資によって、信用融
　　　　　　　　資比率が高まりますし、担保余力もゆとりが出ますので、
　　　　　　　　ありがたいことです。

融資担当者　：ということは、D銀行の担保付き融資を、当行の信用扱
　　　　　　　　い融資で肩代わるということになりますね。確かに、御
　　　　　　　　社の業績が好調で企業価値は高まっていると思いますが、
　　　　　　　　D銀行の担保付き融資の肩代わり資金を、当行が仕入れ
　　　　　　　　資金として稟議を上げることは難しいと思います。この
　　　　　　　　肩代わり融資については、また改めて、申請をお願いし
　　　　　　　　て頂けませんでしょうか。事業性評価融資は、企業の事
　　　　　　　　業内容や成長性に対して、融資をすることを想定してい
　　　　　　　　ますが、この資金が他行融資の返済に充当されることに
　　　　　　　　なれば、本部から承認を取ることは難しいと思います。

取引先経営者：事業性評価融資は、資金使途は企業に任されていると聞
　　　　　　　　いていましたが、他の金融機関の融資肩代わりは、不味
　　　　　　　　いということになっているのですね。今後は、他行融資
　　　　　　　　の肩代わりに使う融資については、融資申込みの時点か
　　　　　　　　ら、その旨を伝えることにしたいと思います。手元資金
　　　　　　　　が潤沢になった場合は、どうしても資金使途にまで、注
　　　　　　　　意しなくなりますが、どんな資金であろうとも、資金使
　　　　　　　　途は十分に注意していこうと思います。

融資担当者　：その通りですね。資金使途が自由ならば、その資金は何
　　　　　　　　に使っても良いということではなく、その資金使途には、
　　　　　　　　やはり、事業の内容や成長可能性の論理が必要であると

いうことですね。

融資担当者　：まったく、その通りです。他行の肩代わり融資の場合は、自社の財務内容や収支の改善や、ステークホルダーまた地域貢献に役立つため、などという論理が必要になると思います（実質、この事業性評価融資は謝絶ということになりました）。

 ## 2　環境問題とデジタル化の浸透

サステナブルファイナンス

　A社経営者は、取引先のB銀行の支店担当者を訪問し、1,000万円の仕入資金融資の申し込みをしました。

　　融資担当者　；1,000万円のお借入れの申込みについてですが、資金使途と返済内容を教えていただけますか。

　　取引先経営者；はい、これは仕入れ資金で、3カ月後には完売しますので、売掛け期間2カ月を考えて、5（＝3＋2）カ月後に売上げは入金になりますので、ただちに返済することができます。

融資担当者　：しかし、以前の借入れは、まだ返済されていませんね。それが返済した後に、新しい融資を申し込んでください。

取引先経営者：売上は立っていますが、その入金が遅れています。実は、SDGsやESGなどの環境問題が社内で話題になって、現在の経営方針や、営業方針、仕入れ方針の見直しを行ない、新しい経営理念やビジョンも策定することになりました。社内組織やビジネスモデルの改善も考えていますが、実際、販売マーケットも変わってきています。実際、脱炭素関連商品の受注も多くなっています。特に、大企業や上場企業の環境問題に対する意識改革は大きくなり、

　　　　　　　　　脱炭素関連商品の仕入れを急ぐ必要が出てきています。

融資担当者　：その通りですね。私ども金融機関でも、サステナブルフ
　　　　　　　　ァイナンスとかESG地域金融という、持続可能性を重
　　　　　　　　んじる融資が社内通達で頻繁に流され、その勉強会も何
　　　　　　　　回も行われるようになっています。御社の場合は、社内
　　　　　　　　体制から、仕入れ・販売の内容まで変わってきたという
　　　　　　　　ことですね。

取引先経営者：その通りですが、変化のスピードと情報の速さには、多
　　　　　　　　少の戸惑いもあります。実際、以前の借入れについての
　　　　　　　　販売も仕入れもかなり早まり、次の注文もただちに入る
　　　　　　　　ようになっています。言い訳ではありませんが、個々の
　　　　　　　　商品について、仕入れ資金の融資や返済のご報告では、
　　　　　　　　そのキャッシュフローの速さには付いていけないように
　　　　　　　　思っています。特に、脱炭素関連商品は、少量多品種の
　　　　　　　　注文が入り、立て替え資金ニーズも多くなっています。

融資担当者　：おっしゃることは良くわかります。最近の大企業や上場
　　　　　　　　企業からの注文はデジタル化、スマホ化と聞いています。

取引先経営者：実際、資金決済も規則化されており、経常的な立て替え
　　　　　　　　資金ニーズが発生しています。これからも、脱炭素関連
　　　　　　　　商品の取り扱いが増えて行きますし、このデジタル化は、
　　　　　　　　増加していくと思います。その上に、ＤＸ（デジタルト
　　　　　　　　ランスフォーメイション）の浸透で、物や金の流れも急
　　　　　　　　速に変化しています。御行のESG地域金融（サステナブ
　　　　　　　　ルファイナンス）の動向は、いかがですか。

融資担当者　：そうですね。金融機関のサステナブルファイナンスは、
　　　　　　　　金融機関を取り巻く地域社会を、持続可能なビジネス環
　　　　　　　　境にしましょうということを主張しています。また、地
　　　　　　　　域の行政機関や学校・病院そして中小企業の皆さんと連
　　　　　　　　携を密に取りましょうと言っていますが、実際は、デジ
　　　　　　　　タル化やＤＸ化でその連携を取ろうということになるの

ですね。国の方も、「まち・ひと・しごと創生基本方針」から、2022年には、「デジタル田園都市国家構想基本方針」に替わって、一層、デジタル化を勧め、環境問題も注力していますね。

取引先経営者：当社としては、以下の表における「ＴＣＦＤ，ＳＢＴ、ＲＥ100」などの枠組みには入っていませんが、社会の流れは、ESGや環境問題対策、ＧＸ化の流れになっていると思いますので、この分野を積極的に進めていきます。

▶▶▶ **脱炭素に向けた取り組みの広がり**

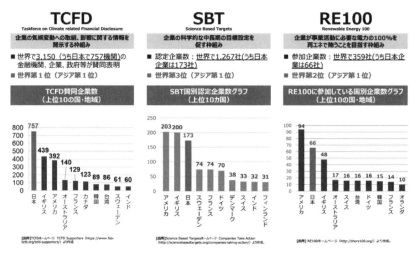

融資担当者：確かに、おっしゃることは、良くわかります。私ども金融機関に対しても、「ESG地域金融実践ガイド2.1」という指導ガイドで、地域金融機関は「事業性評価融資」の検討に加えて、ESG要素を考慮するように言われています。「事業性評価融資」として、企業の成長可能性を、マーケット状況やサプライチェーンまた企業の内部組織・内部統制などをお聞きしながら、次に、ESG地域金融（サステナブルファイナンス）についての関連資料を頂くことにしたいと思います。

3 ESG地域金融に関する金融機関への差入れ資料と対話

取引先経営者：では、私どももいろいろな資料をお渡ししたいと思いますが、具体的にどんなものを用意すればよろしいでしょうか。

融資担当者：そうですね。このファイナンスは、最近、推奨されているものですから、「ESG地域金融実践ガイド2.1」に示されている資料を、お願いできますか。まずは、御社のヒト・モノ・カネ・情報などの経営資源の強みや、企業価値についてまとめた資料をお願いします。2つ目は、バリューチェーン（商流）とこの商流に関する対象産業について、一覧表があればありがたいですね。3つ目は、従来から重視されてきた経済面だけでなく、環境・社会の側面での持続可能性についての資料が欲しいですね。御社の販売商品が、環境問題にいかに活用されるか、そして、話題のGXなどに役立つ実態をまとめた資料があればありがたいですね。

　4つ目は、前の3つの事項を実践するために、地域資源や地域産業、企業を取り巻く外部環境の変化とその影響をまとめ、中長期的な動向と整合したことを記載して貰いたいですね。それから、現在課題になっている「気候変動」「健康・衛生」「生物多様性」「循環経済」「ジェンダー」などにも注視すべきですね。

※GX（グリーントランスフォーメーション）とは、太陽光発電や風力発電など温室効果ガスを発生させない再生可能なクリーンエネルギーに転換し、経済社会システムや産業構造を変革させて成長につなげることです。

取引先経営者：わかりましたが、ご説明された資料は、どうしても抽象的な記載になってしまいます。今までは、お借り入れの申込みの時は、「金額、返済方法、返済期日、資金使途、

担保、希望金利」などを、われわれ借り手から要望しなければなりませんでしたが、今回は、そのような具体的な依頼数値や内容を申し上げづらいですね。「ESG地域金融実践ガイド2.1」に関する内容は、数値化ができないモノばかりに思われます。

融資担当者：その通りですね。今回は、借り手の皆様が、金融機関に具体的な数値を固めて、融資を申込むということにはなりませんね。金融機関の融資担当者としては、「ESG地域金融実践ガイド2.1」に関する上記の4つの内容について、融資申込みの経営者の皆様と対話を行なって、ともに納得できる融資の形態を作りたいと考えています。経営者と私ども金融機関担当者が、企業の経営資源の強みや企業価値をともに明確にして、外部環境といえるバリューチェーン（商流）を見直し、その後に、環境・社会の面で、ステークホルダーや周囲の状況を再考し、持続可能性を長期的な視点で見通し、対話を重ねるものと思います。今までならばすぐに考えてしまうような、収益のシミュレーションを行うのではなく、企業の枠を乗り越えて、周囲や環境のことを熟慮するということですね。そして、その周囲の環境の中には、金融機関自身や地域の行政機関も含まれており、環境については、中小企業の皆様と意見交換が必要になるということですね。金融機関の融資担当者としても、このサステナブルファイナンスについては、融資申込みの経営者とESG地域金融の融資目的を納得するまで対話しなければならないことになります。例えば、経営資源や商流などの話をじっくりし、経営理念や企業の沿革の話も聞きながら、広い範囲で長い時間軸で見ると、経営や資金調達を想定して対話をする必要があると思います。その後に、融資の条件や数値を両者で仮に決めて、経営者から必要な資料を提

　　　　　　　　出して貰って、金融機関の融資担当者は、本部への稟議
　　　　　　　　書を作成することになると思います。

取引先経営者：そうですね。私ども経営者も、自社について広く長期的
　　　　　　　　に考えることも少なくなっていますので、当社をご存じ
　　　　　　　　の金融機関の担当者の方とお話しできることはありがた
　　　　　　　　いことです。皆様は、今の経済事情を知って、しかも当
　　　　　　　　地区のいろいろな企業を見ていますから、当社について、
　　　　　　　　より客観的な見方ができ、良いアドバイスをいただける
　　　　　　　　と思います。逆の見方をするならば、このようなステー
　　　　　　　　クホルダーや地域社会に役立つ内容について、価値を理
　　　　　　　　解することができない金融機関とは取引を深めることは
　　　　　　　　難しいということですね。

融資担当者　：実は、私ども金融機関のメンバーにとっても、経営者の
　　　　　　　　皆様とお話しすることは大変嬉しいことなのです。最近
　　　　　　　　の銀行員のやりがいの中でトップになるのは、「お客様
　　　　　　　　からの感謝の言葉であり、外部の皆様から評価される言
　　　　　　　　葉」となっています。特に、経営者の皆様からの感謝や
　　　　　　　　評価を受けることができれば、銀行員冥利につきるモノ
　　　　　　　　です。例えば、仕入れ資金融資でも、賞与資金融資でも、
　　　　　　　　その資金によって、企業が元気になり、経営者から感謝
　　　　　　　　の言葉をいただければ嬉しいものです。この融資が、事
　　　　　　　　業性評価融資やサステナブルファイナンスの場合は、企
　　　　　　　　業経営にとって長期・広範囲に成長できることになれば、
　　　　　　　　その感謝や評価は、より大きなやりがいに繋がるモノで
　　　　　　　　す。今までは、事業性評価融資で、企業活動や将来の持
　　　　　　　　続可能性に貢献できることに喜びがありましたが、これ
　　　　　　　　からは、サステナブルファイナンスで、環境問題や
　　　　　　　　SDGsまたGX（グリーントランスフォーメーション）の
　　　　　　　　見方で、企業に貢献できることになりますから、大きな
　　　　　　　　やりがいに繋がると思います。

4 サステナブルファイナンスの稟議審査の課題

取引先経営者：金融機関の方のやりがいが、取引先企業の感謝や評価で
あることは、我々企業のメンバーと同様ですね。今まで
は、環境問題・SDGs・GXの見方で、金融機関の皆様が
サステナブルファイナンスの審査を行うとおっしゃいま
したが、最近話題のDXの導入や活用についても、企業
経営の持続可能性を高めることになりますので、サステ
ナブルファイナンスの審査に役立つのではないですか。

融資担当者　：その通りだと思います。サステナブルファイナンスは経
営資源の強みや企業価値を高めることですから、DXに
はその効果がありますね。バリューチェーン（商流）に
ついても、企業内部やステークホルダーまた地域社会の
情報や連携状況をDXで効果的に把握できると思います。
また、環境や社会の側面での持続可能性への貢献も大
いと思います。最近の内部統制は、DXやデジタル化で
裏打ちされていますし、他社とのデジタル・コミュニケ
ーションはそれぞれの企業の相乗効果や相互牽制のチェ
ックになっていますね。これらは、サステナブルファイ
ナンスの稟議・審査の承認に大きな強みになると思いま
す。

取引先経営者：実際に、「事業審査」における格付け評価では、安全性、
収益性、成長性などの分析項目で、自己資本比率や経常
利益率、利益増加率などの定量指標がありますので、企
業サイドとしてもわかりやすいのですが、サステナブル
ファイナンスの評価については、どうしても定性要因が
中心になってしまい、自社の融資が果たして稟議で承認
されるか不安になってしまいますね。

融資担当者　：サステナブルファイナンスの評価項目では、客観性や公

平性として明確にならない点があり、稟議・審査の説得力としてストレスがたまりますね。しかし、最近では、DXやGXなどについては、経済産業省や環境省などがホームページ等でチェックリストを公表していますので、我々金融機関としても、それらを活用して稟議書を作成するようになっています。企業経営者の皆様も、それら官公庁のチェックリストを活用されることをおすすめしますし、また、その評価内容を金融機関にも開示して頂くとありがたいですね。

取引先経営者：わかりました。今後は、デジタルデータ化・DXやSDGs・GX・環境問題などについては、官公庁のホームページのチェックリストなどを活用することにしましょう。そのチェックリストがあれば、金融機関の融資担当者やその上司の方々とも対話が深まると思います。

2 事業融資審査・事業性評価 融資審査・サステナブル ファイナンス審査の考え方

　金融機関の融資は、企業の資金ニーズを理解して、前倒しして資金を投入する企業融資が中心でした。そのために、金融機関は、取引先の融資後のキャッシュフローを確認して、いつ返済できるかを納得し、資金供給を行います。ただし、近年、注目されている事業性評価融資は、融資する企業の事業内容や将来性の成長性を理解して、キャッシュフローまでは細かく把握できなくとも融資を行います。企業は多くの事業を行っていますが、その個々の事業に関するキャッシュフローばかりに注視するのではなく、企業の全体的な活動の実態を、広く長期的に見て、柔軟な条件の融資を行うということになっています。短期的で部分的,かつ形式的な視野で、担保・保証に過度に頼るような融資は改善するべきという考え方の融資です。

　また、近年では、事業性評価融資の審査手法には、ESG 投資の要素やSDGs の 17 目標また GX の環境問題の視点を加え、デジタルデータ化やDX の見方も合わせて、持続可能な企業活動を判断し、サステナブルファイナンスを実践することになっています。この事業融資、事業性評価融資、サステナブルファイナンスを実践するために、金融機関は審査手法の大転換を図っています。

　以下において、これらの審査手法を具体的に見ていくことにします。

 1 格付け・スコアリングシートによる事業融資審査

1) 格付け・スコアリングシート

　ビジネス活動が活発化し、マネーフローも複雑化して来ると、小さな

中小企業でも事業の件数が増加し、資金ニーズや融資後のキャッシュフローも明確な説明ができなくなりました。一方、金融機関も取引先から、公平性・透明性の観点から融資決定の根拠を求められるようになりました。格付け評価やスコアリングシートについても、その指標の内容や融資実行の関わりについても、時には説明しなければならなくなっています。この企業格付けは、企業の過去の決算報告をベースに、形式的・機械的にチェックリストに転記し、それに傾斜点数を付けたスコアリングシートを活用して、算出した総合点で評価しています。

　以下の図の右上部が、スコアリングシートになっていますが、このスコアリングシートの合計点で、信用格付けや債務者区分を判定します。しかし、この格付けなどの精度を、さらに引き上げるために、右下部の第2次評価・第3次評価で調整します。そのプロセスを図で表わしていますが、これが、現在、多くの金融機関で実施されているスコアリングシートによる格付け評価というものです。

　とはいっても、このような格付け表などによる審査手法では、企業の全体や実態・将来性は把握できないのではないか、公平の評価ができないのではないか、と言われるようになりました。金融機関への本当の期待は、企業自身の実態や将来性を見てもらいたいということですから、格付け・スコアリング評価を形式的に重視していることは、企業から不信感を抱かれるようにもなっています。

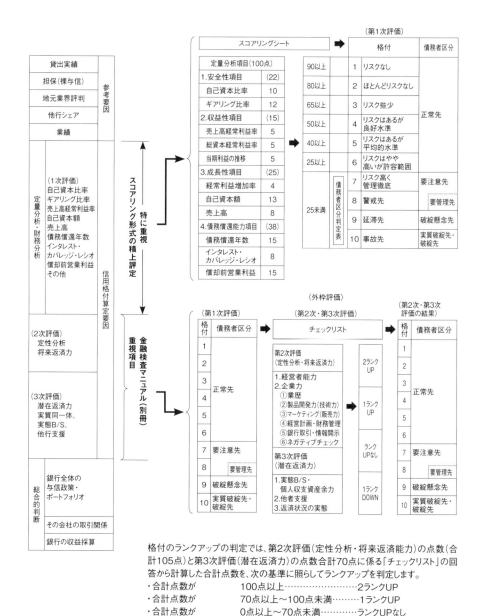

格付のランクアップの判定では、第2次評価（定性分析・将来返済能力）の点数（合計105点）と第3次評価（潜在返済力）の点数合計70点に係る「チェックリスト」の回答から計算した合計点数を、次の基準に照らしてランクアップを判定します。

・合計点数が　　　　　　100点以上……………………2ランクUP
・合計点数が　　　　　70点以上〜100点未満………1ランクUP
・合計点数が　　　　　0点以上〜70点未満…………ランクUPなし
・合計点数がマイナスの場合…………………………………1ランクDOWN

ただし、上記の合計点が、70点以上でも、企業力の「④経営計画・財務管理」（最高40点）と「⑤銀行取引・情報開示」（最高10点）の合計が30点未満の場合は、ランクUPなしとします。

p.72 の図表における左側の、参考要因の「貸出実績・担保（裸与信）・地元業界評判・他行シェアー・業績」は、格付け・スコアリング評価以前の審査項目でしたが、現在は、「地元業界評判・他行シェアー」は重要性も増してきています。また、総合的判断としての「銀行全体の与信判断・ポートフォリオ、その会社の取引関係（マネーロンダリングなど）、銀行の収益採算」も一層、融資について注意する項目になっています。

それから、決算報告書の基準日から時間が経っている場合は、「試算表や資金繰り実績予想表」におけるチェックが必須になっています。現在の企業は、パソコン・クラウド管理が広がり、情報提出もそれほど、抵抗がなくなってきています。

2) 融資実行における金融機関担当者の注意事項

オンライン化が進んで、本人確認や本人意思確認が形式的に行われることが多くなっていますが、このミスのクレームは金融機関では経営者にまで及んでしまう大きな問題になることもあります。コンサルティング営業が広がって、個人情報などの情報漏洩や利益相反・双方代理に抵触することも多くなっていますので、注意する必要があります。ある企業の将来について、親身にコンサルを行い、資産やコストの軽減化方針をアドバイスした融資担当者が、まず自公庫の融資を回収したならば、この融資担当者は、リスクの大きい顧客の融資を金融機関のために早期に返済させたことになり利益相反・双方代理に抵触するかもしれません。

また、担保・保証については、事業融資について、注意が必要になっています。この格付けが低下したことで、担保や保証を追加差し入れすることを求めることがあれば、借り手企業の不満は高まります。担保や保証は、すでに借りた融資の返済ができなくなった時に、担保や保証に差し入れた不要不急の資産を売却し、現金化した資金で返済することが原則です。業況が悪くなり企業の格付けが低下したとか、また、担保物件の評価が下がったことから、追加担保を差し入れさせることは、金融機関の強者の論理に通じます。形式的に、担保・保証を要求したり、経

営者の資産を企業の担保に徴求することは、十分に注意し、社会批判を受けないようにするべきです。担保処分は、過去の融資に対する返済財源の１つに過ぎないのです。金融機関は、将来の見通しや、企業の実態や全体像を突っ込んで把握しないままに、担保や保証を取るのはけしからん、といわれる時代になっています。さらには、保証協会の保証や根抵当権などでも、融資申請企業に機械的に要求したならば、批判の的になるかもしれません。これからは、事業融資について、担保・保証は、特に冷静に考えて行動するべきです。

 ## 2 事業性評価融資の審査

1）金融機関の事業性評価融資の審査のポイント

　前段で述べたように、格付け・スコアリングシートによる、機械的・形式的な審査への批判が大きくなってきました。金融機関には、企業の全体や実態・将来性を把握してもらい、格付け・スコアリング評価ばかりを重視することは、避けるべきと言われるようになりました。

　そこで、2014年には、金融庁は「事業性評価融資」の指針を、「金融モニタリング基本方針」の中で示しました。金融庁は、各金融機関に対して、「事業性評価融資」の推進を勧奨し、企業の過去の実績である財務面ばかりに捕らわれることなく、企業の事業内容の実態や全体を把握して、成長要因も見出して、融資の決定を行なうべきであると主張しました。しかし、金融機関の融資担当者にとっては、この具体的なイメージがわかないということから、以下の表における網目部分を明確にすることに努めるようになりました。

▶▶▶ 金融機関の審査プロセス

●第1プロセス

企業審査	第1行程	定量要因分析（財務情報分析）チェック＝自己資本比率・債務償還年数など
	第2行程	定性要因分析（金融検査マニュアル別冊）チェック＝非財務情報・営業力・販売力など

●第2プロセス

事業審査	短期マネーフロー （主に「資金繰り実績 予想表」でチェック）	資金使途チェック
		1）仕入・在庫・販売 2）賞与・決算 3）正常なる運転資金 　（短期継続融資）
	長期マネーフロー （主に「資金運用 調達表」でチェック）	1）設備 2）長期運転資金 3）貸出構成修正 4）事業再生 5）経営改善支援
	資本性借入金 （融資） （含、ファンド支援等）	1）創業（成長） 2）業種転換 3）自己株式購入 4）M&A 5）事業承継

第1プロセス
第2プロセスの
審査でリスクが
大きい時

担保・保証チェック
コベナンツ （財務制限条項）
流動資産担保 （ABL等）
従来型 固定資産担保 （不動産・株式等、 含定期預金）

●第3プロセス（企業審査・事業審査不可の場合）

エリア審査	大分類	小分類
	株主・ ステークホルダー 内部統制への 貢献度	消費者（顧客）
		仕入先
		得意先
		従業員
		株主
		債権者
		地域住民
		行政機関
		その他（　　　　　）
	地域貢献への 当社の意欲 （含、ESG投資）	経営者等役員
		従業員
		その他（　　　　　）
	地域・地元からの 当社の事業に 対する評価	税理士・会計士
		商工会議所・商工会
		学・官
		その他（　　　　　）

企業審査の網目部分は、５カ所あります。

　まず、「企業審査」における「第２工程部分」は、「目利き力のある金融機関の融資担当者」によって評価される「事業性評価・定性分析」の項目です。一般的には、「非財務情報」で、ローカルベンチマークの第２段階の「経営者への着目」「事業への着目」「関係者への着目」「内部管理体制への着目」の４項目であり、また、金融検査マニュアル別冊（中小企業融資編）の各事例に該当することです。このような内容が、事業性評価ができ、事業性評価融資の審査を通過する要因になります。

　次の２番目は、「正常なる運転資金」に対応する融資は、返済財源が売上債権の回収や棚卸資産の販売によって確実です。業績や支払い・売上条件に大きな問題が発生しない限りは、金融機関へのリスクは少ない融資です。中小企業としては、この融資は返済する必要のない資本金的な役割を果たす借入金と見なしていますので、金融機関としても、柔軟な対応を行うべきです。

　３番目が、「資本的資金充当貸出」で、エクイティファイナンスに相当するものです。上場企業ならば、有価証券報告書とか、内部統制報告書によって、投資家の合意を得て出資を受けるものです。この情報開示の対象は、従来から取引のある金融機関であることから、資金調達をする企業としては、有価証券報告書・内部統制報告書よりは、かなり絞り込んだ情報提供で済むことができます。

　これらの融資は、擬似エクイティ（資本金）ともいわれ、資金繰りにもプラスになります。もしも、金融機関から、この融資に毎月の約定返済などを求められた場合は、上記の論理で毎月の返済の付与に抗弁するべきです。

　４番目は、「担保・保証チェック」における「流動資産担保」「コベナンツ」のことです。これらは、担保・保証のことですが、企業に対する事業性評価の見方がなければ成り立たない「担保・保証」ということになります。企業が正常な営業活動をしていなければ、これらの資産は流出してしまい、「流動資産担保」はなくなり、また、約束ごとは反故になって「コベナンツ」も成立しなくなります。担保や保証は、借り手企

業の融資実行時に想定したキャッシュフローに異常が生じてしまった時に、その担保・保証の資産によって生み出した現金によって、返済することです。「知的資産」などに該当する資産であり、この対象資産を現金化して、融資の返済に充てるものです。「従来型固定資産担保」は、その担保・保証の対象が固定資産ですから、機械的・画一的な処理で現金化できるものの、この「流動資産担保」や「コベナンツ」は、企業の事業性評価によって対象資産の価値が変動するものです。したがって、事業性評価が確り保てる企業に対して、「流動資産担保」や「コベナンツ」の担保・保証の徴求が可能になるのです。同時に、これらの「流動資産担保」や「コベナンツ」は融資実行後においても、常に、事業性評価を維持できるかという、モニタリングを続けることが必要になります。

　第5番目が、「エリア金融審査項目」の「第3プロセス」です。ここでは、「リレーションシップバンキング」「地域密着型金融」の考え方で、地域金融機関は、中小企業と親密な関係を継続することが重要であり、従来、入手しにくかった信用情報などを把握して、融資などのサービスを高めるというビジネスモデルです。これは、導入のころは、金融機関における融資の審査コスト等の軽減・早期化でしたが、最近は、取引先企業の地域における貢献度を見ることにもなっています。また、金融庁など行政サイドでは、「リレーションシップバンキング」「地域密着型金融」について、多くの施策を出し続け「内閣府・中小企業庁・金融庁」では、「地域連携」を強くすすめるようにもなっています。金融庁では、「金融仲介機能ベンチマーク」にも、以下のような項目が明記されました。

▶▶▶ 金融仲介機能ベンチマーク

項目	選択ベンチマーク
（1）地域への コミットメント・ 地域企業との リレーション	1. 全取引先と地域の取引先の推移、及び、地域の企業数との比較（先数単体ベース）
	2. メイン取引（融資残高1位）先数の推移、及び、全取引先に占める割合（先数単体ベース）
	3. 法人担当者1人当たりの取引先数
	4. 取引先への平均接触頻度、面談時間

事業性評価融資の審査を行う時は、金融機関自身が中小企業や地域企業へコミットメントやリレーションを提供できる環境を見ています。金融庁や各金融機関は、「事業性評価融資」に対して、対象企業の収益動向を重視し、審査期間の長期化や審査の範囲の拡大をも、求める環境に注力するようになりました。この考え方がサステイナブルファイナンスに通じています。

2) 定性分析

　「事業性評価融資」は、企業の抱える事業の内容と成長可能性を見通して、長期的かつ広範囲に、対象企業の収益動向を重視する審査を行います。前記の「企業審査」における「第2工程部分」を深堀りすることが、この「事業性評価融資」の審査に役立ちます。具体的には、ローカルベンチマークの「非財務情報」で、第2段階の「経営者への着目」「事業への着目」「関係者への着目」「内部管理体制への着目」の4項目の把握であり、その事例（ストーリー）が金融検査マニュアル別冊（中小企業融資編）の各事例との関連を見て、企業に対するその定性要因の潜在力の可能性が審査の重要ポイントになるからです。

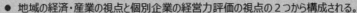

▶▶▶ **ローカルベンチマークの内容**

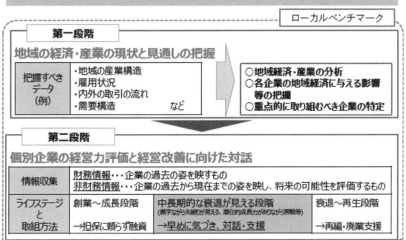

　p.80 の一覧表は、ローカルベンチマーク非財務情報と金融検査マニュアル別冊の関連を示した一覧表です。金融検査マニュアル別冊（中小企業融資編）の各事例は、ストーリーであり、1つひとつ言葉で説明しなくても相互に察し合いわかり合える定性的な表現であって、共有性が高い「ハイコンテクスト」ということになります。格付けやスコアリングシートは定量的な表現で、明確な数値等で説明されることで、「ローコンテクスト」のニュアンスです。

　「コンテクスト」（Context）とは、文脈などと訳され、コミュニケーションのベースになる文化のことですが、事業融資の審査は、「ローコンテクスト」であり、事業性評価を示す金融検査マニュアル別冊（中小企業融資編）の各事例は、「ハイコンテクスト」の表現といえます。

　実際に、「販売力」「技術力」「経営者の資質」などといって、定量的に明確な数値で相手に伝えることは難しく、対話を行う者同士ではわかり合えません。これが事例・ストーリーで表現されれば、1つひとつ言葉で説明しなくても相互に察し合ってわかり合うことはできることになります。一般に、日本文化は、「ハイコンテクスト」で、外国人にはわか

りにくいものの、ストーリーにすることで、本質を相互に見つめ合うことができると言われています。事業性評価融資の審査については、このハイコンテクストの表現で理解することが必要になります。

▶▶▶ **ローカルベンチマーク非財務情報と金融検査マニュアル別冊の関連一覧表**

ローカルベンチマークの非財務情報	非財務情報の着目点の内容	金融検査マニュアル別冊（中小企業融資編）事例
経営者への着目	経営の資質	事例 11, 12, 13
	金融機関支援取付け資質	事例 16, 17
	後継者の養成力	事例 9, 24
事業への着目	販売力の活用	事例 7, 8
	技術力の活用	事例 5, 6
	業種の強みの活用	事例 10, 28
関係者への着目	実質同一体	事例 1, 2, 3
	経営者家族の支援	事例 4
	金融機関の短期継続融資などの支援	事例 18, 19, 20
内部管理体制への着目	内部組織の充実	事例 21, 27
	外部連携に相応しい組織	事例 23, 25
地域の経済・産業の把握【第1段階】	雇用増加	事例 15
	産業の活性化	事例 14, 22

　実際に、金融検査マニュアル別冊（中小企業融資編）の各事例を読んでから、「非財務情報の着眼点の内容」から、「ローカルベンチマークの非財務情報」を振り返ることで、事業性評価の審査眼が高まることになると思います。

　金融検査マニュアル別冊（中小企業融資編）における「第7事例の販売力」「第5事例の技術力」「第12事例の経営の資質」を通読し、「ハイコンテクスト」の表現に触れていただきたいと思います。この3事例は、2002年に公表された金融検査マニュアル別冊の事例集の一部ですが、「ストーリー」としての効果が浮き彫りされています。

第7事例の販売力（事例7）

☑ 概況
　債務者は、当金庫メイン先（シェア90％、与信額：平成14年2月決算期260百万円）。地元有名デパートから小売店に至るまで主にタオル製品の製造・卸をしている業歴15年の業者である。

☑ 業況
　海外からの安価な製品の流入等による取引先からの納入単価の切下げ要請等に耐えきれず、このため、売上高は大幅に減少し、3期連続赤字（前期20百万円）を計上、前々期より債務超過（前期末40百万円）に転落し、資金繰りも悪化しているが、条件変更による返済条件の緩和から延滞は発生していない。債務者は、在庫管理の徹底や人員削減等によるコストダウンに努め始めているものの、主力商品の売上げ減少の影響が大きく、その成果はなかなか現れていない。しかし前期末に開発した贈答品用の試作商品が関係者間で好評であったことから、従来の販売ルートに向けて拡販を図るべく準備をしているところである。

☑ 自己査定
　当金庫は、厳しい業況ながら新商品による今後の収益改善を期待して、要注意先（その他要注意先）としている。

　この債務者は、在庫管理や人員削減を行うと同時に贈答品用の商品の試作等の営業施策を立て続けに実施している。これこそ、従来の販売ルートから贈答品へのストーリーにすることで、販売の本質をみつけることができたということです。

第5事例の技術力(事例5)

☑ 概況

　債務者は、当行メイン先（シェア100％、与信額：平成13年3月決算期100百万円）。代表者以下5名で家電メーカー向けのプラスチック用金型を受注生産する業歴20年を超える金型製造業者である。

☑ 業況

　景気低迷による金型需要の低下や家電メーカーの生産拠点の海外シフト等から受注量が激減、売上の減少傾向に歯止めがかからず、毎期赤字が続き債務超過（前期末75百万円）に陥っている。当行は、工作機械購入資金や材料仕入資金等に応需しているが、このうち、工作機械購入資金については、条件変更による元本返済猶予が実施されている。

☑ 自己査定

　当行は、延滞もしていないほか、代表者及び従業員のうち2名は、この業界でも評判の腕前を持つ金型職人であり、今まで代表者が取得した特許権及び実用新案権が5件、従業員が出願中の特許権が2件あることなどから、今後も家電メーカーからの受注がある程度確実に見込まれると判断し、要注意先としている。

　代表者以下5名でプラスチック用金型を受注生産し、業歴20年を超える実績がある。家電メーカーに販売先を限定しているものの、代表者と従業員2名の技術力、また、特許権や実用新案権の数々が、今後、売り上げに結び付くとのストーリー性で判断される。

第12事例の経営の資質（事例12）

☑ 概況

　債務者は、当行メイン先（シェア97%、与信額：平成13年3月決算期330百万円）。関東一円を事業区域とするトラック運送業者で創業30年。その間、事業区域の拡大、営業所の設置等、業容拡大に努めてきた。当行とは創業当時からの取引である。

☑ 業況

　景気低迷による貨物輸送の絶対量の減少、また、参入基準、運賃規制等の規制緩和による競争の激化等で、ここ数年の売上は減少傾向、利益率も低下。その結果、積極的に行ってきた設備投資の金利負担が相対的に大きくなり、3期連続で赤字を計上。財務内容は倉庫部分の減価償却不足額を加味すると実質債務超過状態に陥っている。当行の貸出金は割引手形と証書貸付で、前者については、その振出人は当行の優良取引先のもので特段問題はないが、後者については、大型トラック購入資金と過去の支払手形決済資金を一本化したもので、3年前から元本返済猶予の条件緩和を行っている。当行は、代表者から「今後は輸送販路の拡大等売上増加に向けて更なる営業努力をし、引き続き経費抑制にも努める。収益力が回復したならば、再度分割返済したい。」との申出を受けたことから、債務者側の今後の売上増加、個人資産売却による借入金及び金利負担の軽減などの経費抑制等に向けての方針、事業計画について検討し、今後3年間元本返済を猶予すれば、その後約定返済も可能との確信を得て条件緩和に応じた。代表者の話によれば、今期の決算見込では、売上は微増ながら、経費抑制の効果もあり赤字幅は縮小する見通しとのこと。今後も新規顧客の開拓等に努め、来期には黒字を計上し、約定返済も再開したいとしている。

☑ 自己査定

　当行は、赤字幅は縮小する見通しとなったことや、長年の取引先で今後とも引き続き支援方針であることから、要注意先（その他要注意先）としている。

　当社は、創業30年のトラック運送業者であり、事業区域の拡大、営業車の設置、など、種々の経営施策を打ってきた。これからも、新規顧客の開拓、経費抑制を励行するストーリーを実現できる経営者であることは、確信できます。

以上の３つのストーリーを想定すれば、事業性評価が判断でき、事業性評価融資の審査の承認要因になります。これらの販売力、技術力、経営者の資質の中に、ストーリー性が見つけ出せ、持続可能性が見えて来るようにも思われます。

3)「正常なる運転資金融資」（短期継続融資）

　この正常なる運転資金融資は、返済財源が売上債権の回収や棚卸資産の販売によって確実に返済される融資であり、金融機関はリスクが少ない融資とみなしています。そこで、企業の業績や支払い・売上条件に大きな問題が発生しない限りは、この融資は返済する必要のない資本金的な役割を果たす借入金と見ています。この融資は、仕入れ立て替え資金が返済になった場合、ただちに同金額の融資を継続・実行するという考え方で、個別の仕入れ・在庫・販売の事業を何本も同時に把握し、将来の企業の成長を持続的に考えますから、「事業性評価融資」とみることができます。

　金融庁も、小冊子「知ってナットク」で、この正常運転資金融資を短期継続融資として、以下のように紹介しています。

「短期継続融資」について
～運転資金融資の円滑化～

> ## 無担保・無保証の短期継続融資で運転資金を借りることも可能です

- 中小零細企業の運転資金は、かつては、利払いのみの手形の書き替え等で調達できました。しかし、近年、そうした貸出慣行が少なくなり、運転資金でも長期融資で約定弁済を求められるケースが多く見られます。

- 平成27年1月20日に、金融検査マニュアル別冊〔中小企業融資編〕に新たな事例（事例20）を追加し、運転資金に手形の書き替え等の短期継続融資で対応することは何ら問題ないことを明確にしました。

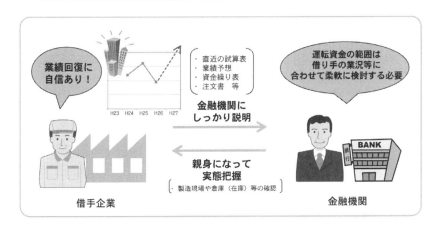

業績回復に自信あり！

- 直近の試算表
- 業績予想
- 資金繰り表
- 注文書　等

H23　H24　H25　H26　H27

金融機関にしっかり説明

運転資金の範囲は借り手の状況等に合わせて柔軟に検討する必要

親身になって実態把握
（ 製造現場や倉庫（在庫）等の確認 ）

借手企業

金融機関

BANK

◆ 運転資金の借り方は様々です。
◆ 金融機関に事業の状況をしっかりアピールしてよく相談してみましょう。

「短期継続融資」活用のメリット

無担保・無保証の短期融資で、借り手企業の資金ニーズに応需し、書き替え時には、借り手企業の業況や実態を適切に把握してその継続の是非を判断するため、金融機関の目利き力を発揮するための融資の一手法となり得ます。

事例 10 組立て式家具の製造・卸売業者J社のケース

☹ アジア製の廉価品に押され、前期決算では売上げ高が前々期比40％減程度まで落ち込んでおり、決算書上の数値から機械的に算出される正常運転資金は大幅に減少している。

☺ 廉価品に比べたJ社の製品の質の良さが見直され、今期は前々期並の売上を確保できる見通し。

☺ K銀行は、J社から提出された直近の試算表や、今期の業績予想、資金繰り表、受注状況を示す注文書を確認・検証し、J社の製造現場や倉庫の状況及びホームセンターの販売状況を調査し、J社の製品に優位性が認められることが確認できた。

☺ 正常運転資金の算出については、債務者の業況や実態の的確な把握と、それに基づく今後の見通しや、足元の企業活動に伴うキャッシュフローの実態にも留意した検討が必要。

　以上のことから、J社に前々期と同額の短期継続融資の書替えを実行しても、正常運転資金の範囲内として、貸出条件緩和債権には該当しないものと考えられます。

　一般的に、卸・小売業、製造業の場合の正常な運転資金の算定式は以下の通りですが、算出に当たっては売掛金または受取手形の中の回収不能額、棚卸資産の中の不良在庫に対する貸出金は正常な運転資金とは認められないことから、これらの金額に相当する額を控除の上、算出することになっています。

正常なる運転資金
＝売上債権 [売掛金 + 受取手形 (割引手形 を除く)]
　　+ 棚卸資産 (通常の在庫商品であって不良在庫は除く)
　　- 仕入債務 [掛金 + 支払手形 (設備支手は除く)]

〈注〉「正常な運転資金」とは、正常な営業を行っていく上で恒常的に必要と認められる運転資金である。

　この「正常なる運転資金融資」(短期継続融資) は、取引先企業の商品注文量、売掛金の資金化、在庫量の増減、倉庫の空き状況、仕入先の商品手配、仕入れ価格の変動などによって、立て替え期間・金額は常に変動しています。

　「正常なる運転資金融資」(短期継続融資) を、一度、返済したならば、次にいくら借入れができるか、わからなくなりますので、企業は安心して営業活動に集中できません。前期の業績によって、ただちにこの融資金額が増減させられたならば、営業活動にマイナスになってしまいます。

　金融検査マニュアルが広がる前は、この借入れ資金を、短期金利で同額の手形の切り替えだけで機械的に実行されていましたので、このことによって、資本金のように安心して取り扱うことができたようです。日本の中小企業は、かつて、「自己資本比率が低く、経営の安定性で問題がある」と言われていましたが、「この返済なしの短期継続融資が、自己資本の代りになるので、実質、安定的な資金調達ができ、問題ない」と抗弁されていました。しかし、2000 年以降、金融機関に不良債権問題が発生しますと、各金融機関とも、この借入れに返済を付けることになりました。これは、担保なし・返済なしの借入れですから、企業の業績が低下すると、金融機関のリスクが大きくなって、信用貸出残高が急増しました。銀行員は、もともとこの担保なしの信用貸出には保守的な対応を採るように教育されていましたので、数年後には、この借入れや当座貸越は、中小企業の借入れメニューから消えて行ってしまいました。

　その後、リーマンショックを経て、金融円滑化法が施行され、返済猶予借入れが急増し、もう一度、この返済なしの正常運転資金融資（短期継続融資）が求められるようになったのです。日本の投資家はあまり中

小企業に出資をすることはありませんが、財務体質の強化のために自己資本・純資産のような安定資金のニーズが高まってきました。ということで、金融庁も短期継続融資の復活を認めることになりました。

　そこで、短期継続融資の事例として、金融検査マニュアル別冊（中小企業融資編）に事例20が平成27年（2015年）に追加されることになりました。

第20事例

> ☑ **概況**
>
> 　債務者は、当行メイン先（シェア100％、与信額：平成26年3月決算期900百万円）。5年前まで住宅建材の製造業者であったが売上不振により転業、現在は地元のホームセンターを中心に組立て式家具の製造・卸をしている業者である。当行与信900百万円の内訳は、正常運転資金500百万円（「短期継続融資」・書替え継続中）と旧事業に係る残債務400百万円（長期融資・分割返済中）である。
>
> ☑ **業況**
>
> 　転業後、債務者の製品は安定的な人気を得て、業況も安定していた。旧事業に係る債務400百万円が残っているため、返済負担が重く債務超過に陥っているものの、期間損益は小幅ながら黒字を確保しており、当行では転業後、正常運転資金500百万円（手形貸付：期間1年）に応需し、期日に書替えを繰り返してきた。しかし昨年、アジア製の廉価品に押され、前期決算（平成26年3月決算期）では売上高が前々期比40％減程度まで落ち込み、決算書上の数値から機械的に算出される正常運転資金（売上債権＋棚卸資産－仕入債務）も300百万円に減少している。当行では、平成26年7月の正常運転資金の書替えに当たり、売上減少に伴う減額書替えを検討したものの、債務者によれば、廉価品に比べた債務者の製品の質の良さが見直され、売上は回復しており、今期は前々期並の売上を確保できる見通しであり、正常運転資金についても昨年と同額での書替えを希望している。当行は、債務者から提出を受けた直近の試算表や、今期の業績予想、資金繰り表、受注状況を示す注文書を確認・検証するとともに、債務者の製造現場や倉庫の状況を調査し、製造ラインや原材料・製品在庫の管理に問題がないこと及びホームセンターでの販売状況を調査し、債務者の製品に優位性が認められることを確認している。その結果、当行は、債務者の今期の売上回復については確度が高く、前々期と

同程度の正常運転資金を必要としていると判断し、500百万円での書替え
に応じることにした。

☑ 自己査定

　当行では、債務者は引続き債務超過の状態で、旧事業の残債の返済負
担が重いものの、継続して黒字を維持していることから、債務者区分は
引続き要注意先としている。正常運転資金500百万円については、前期
決算書の数値から機械的に算出される正常運転資金額を大幅に上回る金
額での書替えとなったものの、債務者の実態や足元のキャッシュフロー
の状況に鑑みて、正常運転資金の範囲内の書替えであり、貸出条件緩和
債権には該当しないとしている。

（検証ポイント）

　正常運転資金を供給する場合の融資形態及び正常運転資金の範囲

（解説）

1．「短期継続融資」は金融機関の目利き力発揮の一手法となり得る

　金融機関にとっては、債務者の業況等を踏まえた融資が行えるよう
目利き力を発揮することが重要である。その手法は様々であるが、例
えば、正常運転資金について、債務者のニーズを踏まえた上で、無担
保・無保証の短期融資（1年以内）で応需し、書替え時に債務者の業
況や実態を適切に把握して、その継続の是非を判断することは、目利
き力発揮の一手法となり得る（注1）。

　一般的に、債務者の製品の質が劣化し、競争力を失った結果、売上
高が大幅に減少しているならば、今後の業況回復も危ぶまれると考え
られる。

　しかしながら、本事例では、「短期継続融資」の書替えの可否を判断
するに当たって、試算表、業績予想、資金繰り表の検証や注文書によ
る受注状況の確認及び製造・販売の現場の実地調査等により、債務者
の業況や実態（今後の事業の見通しを含む）をより詳細に把握するこ
とで、正常運転資金に対するよりきめ細かい融資対応が行われている
（金融機関による目利き力の発揮）。（注2）

（注１）　中小・零細企業の資金ニーズに適切に応えるための融資手法に関しては、各金融機関が創意工夫を発揮し、それぞれの経営判断で柔軟に対応すべきものであり、その判断が尊重されることは、言うまでもない。

（注２）　債務者の業況や実態を把握するための資料徴求や実地調査については、本事例に記載した資料・調査等が一律に求められるものではなく、債務者の規模や与信額に応じた対応となる。例えば、債務者が小規模で詳細な資料がない場合等においては、必ずしも本事例で例示した資料すべてにおいて、確認が必要なわけではない。

2. 正常運転資金の範囲は債務者の業況や実態に合わせて柔軟に検討する必要がある

　債務者が正常な営業を行っていく上で恒常的に必要と認められる運転資金（正常運転資金）に対して、「短期継続融資」で対応することは何ら問題なく、妥当な融資形態の１つであると認められる。

　正常運転資金は一般的に、卸・小売業、製造業の場合、「売上債権＋棚卸資産-仕入債務」であるとされている（金融検査マニュアル・自己査定別表１）。本事例の場合、平成26年３月決算期の数値に基づいて算出される正常運転資金の金額は、売上高が大幅に減少しているため、この算定式を機械的に適用すれば、大幅に減額することにもなり得る。

　しかしながら、平成26年３月決算期の数値は、過去の一時点の数値であり、現時点の正常運転資金の算出については、債務者の業況や実態の的確な把握と、それに基づく今後の見通しや、足元の企業活動に伴うキャッシュフローの実態にも留意した検討が重要である。

3. 本事例の結論

　本事例では、前期決算の数値に基づく正常運転資金の金額は大幅に減少することになるものの、「短期継続融資」の書替えの検討に当たり、前期決算以降の状況の変化を踏まえて、債務者の業況や実態を改めて確認した結果、売上高の回復が見込まれること、足元のキャッシュフ

ローにおいて従来程度の金額の正常運転資金が必要と認められること
から、500百万円で書替えを実行しても、正常運転資金の範囲内とし
て貸出条件緩和債権には該当しないものと考えられる。

事業性評価融資の考え方（事業の内容と成長可能性）

住宅建材の製造業者であった当社の売上不振対策として、当行はメイ
ン行として、地元のホームセンターを中心とした組立て式家具の製造・
卸への転業を支援しました。この組立て式家具の製造・卸の事業とその
成長可能性は高いものと判断しています。

しかし、平成26年3月決算期の数値に基づいて算出される正常運転
資金の金額は、売上高が大幅に減少しました。正常運転資金は、卸・小
売業、製造業の場合、「売上債権＋棚卸資産-仕入債務」ですから、この
算定式を機械的に適用すれば、大幅に支援金額は減額することになって
しまいます。しかしながら、この決算期の数値は、過去の一時点の数値
であり、債務者の業況や実態の的確な把握と、ステークホルダーの評判、
それに基づく今後の見通しや、足元の企業活動に伴うキャッシュフロー
の実態を留意すれば、従来通りの支援が地域金融機関として妥当である
と判断しました。また、当行としては地域全体を俯瞰してメイン行とし
て当社の存在意義が高いと判断しました。今後、ホームセンターの業態
は成長し、当センターも地域における重要性は一層高まり、連れて当社
の位置付けもアップすると考えました。当社の支援は、地域や当社の持
続可能性を高めることになると思いました。

4）資本性融資（資本的資金充当貸出）

〔1〕　資本性融資による事業性評価融資マーケットの拡充

金融庁は、小冊子「知ってナットク」で、正常運転資金融資（短期継
続融資）と同様に、資本性融資（資本的資金充当貸出）について、以下
のように述べています。この小冊子では、資本性融資を借り手の立場で
「資本性借入金」としていますが、同義です。

金融庁

中小企業の皆様へ
「資本性借入金」の活用を検討してみませんか？

「資本性借入金」の条件を明確化しました。

〇「資本性借入金」とは
　金融機関が皆様の財務状況等を判断するに当たって、**負債ではなく、資本とみなす** ことができる借入金のことです。

〇今回の措置について
　金融機関からの「借入金」を *「資本性借入金」とみなす場合の条件を明確化* しました。

【現行】 特定の貸付制度を例示 〔例示された貸付制度〕	【明確化後】 条件を直接明記
➢償還条件：<u>15年</u> ➢金利設定：業績悪化時の<u>最高金利0.4%</u> ➢劣後性：<u>無担保</u>（法的破綻時の劣後性）	➢償還条件：<u>5年超</u> ➢金利設定：<u>「事務コスト相当の金利」</u>の設定も可能 ➢劣後性：必ずしも<u>「担保の解除」</u>は要しない

このような中小企業の皆様へ

東日本大震災や急激な円高の進行等により、*資本不足に直面しているが、将来性があり、経営改善の見通しがある企業*

「資本性借入金」活用のメリット

既存の「借入金」を「資本性借入金」の条件に合致するように変更することにより、

【メリット①】	【メリット②】
資金繰りが改善されます。	*金融機関から新規融資が受けやすくなります。*
・長期の「期限一括償還」が基本であり、資金繰りが楽になります。 ・業績連動型の金利設定が基本であり、業況悪化時は金利が低くなります。	・「資本性借入金」を資本とみなすことで、財務内容が改善され、新規融資が受けやすくなります。

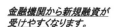

<u>※「資本性借入金」の活用を希望される方は、お取引先の金融機関にご相談ください。</u>

内容に関するお問合せ先：金融庁検査局総務課調査室　03-3506-6000　（代表）

「資本性借入金」について
～資本不足に直面している方々のために～

　金融庁では、金融機関に対し、資本不足に直面しているものの、将来性があり、経営改善見通しがある企業には、「資本性借入金」の積極的な活用を検討するよう要請しています。

資本不足に直面している企業であっても、「借入金」が「資本性借入金」に変更されれば…

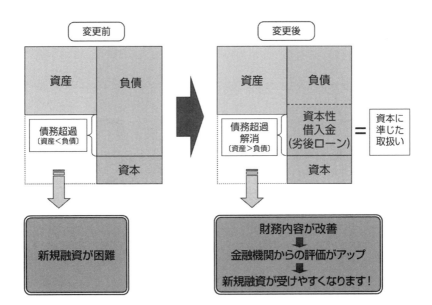

「資本性借入金」活用のメリット

①資金繰りが改善されます。
・長期の「期限一括償還」が基本であり、資金繰りが楽になります。
・業績連動型の金利設定が基本であり、業績悪化時は金利が低くなります。

②金融機関から新規融資が受けやすくなります。
・「資本性借入金」を資本とみなすことで、財務内容が改善され、新規融資が受けやすくなります。

事例6 水産物の冷凍倉庫業者F社のケース

☹ 大震災による津波被害で冷凍倉庫が全壊（資産が滅失）したことから、債務超過に転落しており、新規融資を受けることが困難。

☺ 新規融資を受けて、冷凍倉庫を新築することができれば、収益力は被災前の水準に回復する見込みが高い。

☺ F社に融資を行っている各金融機関（G銀行を含む）により、当社の経営努力が経営改善につながると評価され、「資本性借入金」への条件変更が認められた。
⇒債務超過が解消し、財務内容が改善。

☺ G銀行から新規融資を受け、冷凍倉庫を新築し、収益力は順調に回復。

☺ 「資本性借入金」については、長期の「期限一括償還」であったため、資金繰りの改善にも寄与。

事例7 精密機械製造業者G社のケース

☹ 高い技術力を背景に順調に業績を伸ばしていたが、急激な円高の進行により、採算性が悪化したことから、債務超過に転落しており、新規融資を受けることが困難。

☺ 新規融資を受けて、省力化投資を行うことができれば、収益は回復する見込みが高い。

☺ F社に融資を行っている各金融機関（H銀行を含む）により、当社の技術力が評価され、経営改善計画を策定の上、「資本性借入金」への条件変更が認められた。
⇒債務超過が解消し、財務内容が改善。

☺ H銀行から新規融資を受け、省力化投資を実施。

☺ 「資本性借入金」については、業績連動型の金利設定であり、投資効果が現れるまでは、金利負担が抑えられたことから、資金繰りが改善。
その後、業績がV字回復し、業績好調時の金利を払うところまで回復。

　上記の「資本性借入金」について、金融庁としては金融機関に対して、「資本不足に直面しているものの、将来性があり、経営改善見通しがある企業」に、この「資本性借入金」の投入を行うことを推奨しています。とはいっても、借り手企業としては、しっかりした情報を金融機関に開示して、自社が「資本不足に直面しているものの、将来性があり、経営改善見通しがある企業」であることを、理解してもらわなければなりません。

　この「資本性借入金」は、「業績連動型の金利」で、「資本」と見なされ返済猶予となって、新規の融資を受けやすいという大きなメリットがありますから、しっかりした情報開示が必要になるのです。

　この「資本性借入金」は、下図に示すエクイティファイナンスに相当するもので、上場企業ならば、有価証券報告書とか、内部統制報告書によって、資金の出し手である投資家の合意を得て出資を受けるものです。上場企業としては、この投資家に、詳細な情報開示を行わなければならず、その報告書が、有価証券報告書・内部統制報告書ということになります。

　これをバランスシートに示すと、以下のようになります。

▶▶▶ **企業のバランスシート**

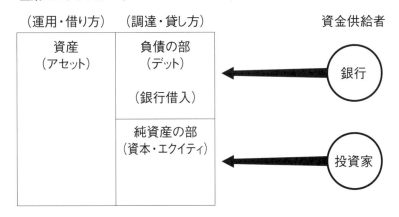

このバランスシート（貸借対照表）では、左側が財産目録で、右側が
その財産を支えるお金の裏付けであり、その右側は、他人のお金の出し
手である「銀行」が上に書かれ、自分のお金の出し手である「投資家」
が下に書かれています。

　バランスシートの左側は、資産であり、その記載は、会社の財産を現
金化できやすい順番で上から下に向かって書かれています。右側の「負
債の部」は、他人のお金（財産）からの資金調達であり、その下段は
「純資産の部」で、投資家のお金（財産）からの資金調達になります。し
たがって、業績悪化時には、負債である借入金は、お金を出した預金者
に資金使途を明確にさせ返済を迫り、金利は上げられます。逆に、投資
家は、業績が悪化しても、資金使途は何も言わず返済も迫りませんし、
金利はむしろ引き下げます。ただし、議決権を持つために、経営には口
出しをします。

　さて、この「資本性借入金」は、負債と出資の折衷の位置付けになり
ます。金融機関は、出資として、資金使途には何も言わず、返済も迫ら
ず、金利も業績変動連動型で、仮に業績悪化時には金利は引き下げられ
ますが、借入金としては、議決権を持つことはありませんものの、融資
のリスク相当については、金融機関としては引当金を積み上げなければ
ならないことになります。とにかく、金融機関としては、企業の経営に
対する発言は行わず、業績が悪化した時も金利を引き下げ、返済なしの
借入れで支援をします。

　ちなみに、上場企業の場合は、投資家から資本・エクイティの資金投
入を受ける場合は、この投入する資金は、「業績連動型」の配当で、資
金回収を最後まで迫られないような、メリットの大きいものですので、
有価証券報告書・内部統制報告書という厳格な情報開示資料を公表して
います。

　中小企業においても、同様に、金融機関に対しては、有価証券報告
書・内部統制報告書の記載内容とはいわないまでも、自社の内容を詳し
く表す情報開示資料を提出しなければならず、金融機関としても、事業
性評価融資の実行時以上に、持続可能性の確信のためにも厳格な審査を

行うことが求められます。そこで、中小企業としては、この厳格な情報開示を行えば、金融機関から、大きなメリットを受けることができるようになります。

　一方、金融機関としても、「資本性借入金」で、大きな融資マーケットを得ることもできることにもなります。すなわち、事業性評価融資マーケットが大きく広がるということになります。

（２）事業性評価による資本性融資の新しいマーケット

　この資本性融資は、地域活性化施策や話題になっているM＆A資金、また、コンパクトシティ関連の建設資金などを手掛ける資金にも使えますし、創業支援、業種・業態転換、自己株式購入、事業承継等のキャッシュフローが確定しづらい資金支援にも役立ちます。超長期の設備投資、人材投資、物件投資、広告宣伝費、IT関連費用など、予測が難しい事業の立て替え資金や、ややもすると、返済が難しくなって、借り入れが残ってしまう根雪資金にも、資本性融資は、存続支援が可能になります。事業再構築補助金における５つの類型（新分野展開・事業転換・業種転換・業態転換・事業再編）は、ほとんど、この資本性融資の新しいマーケットになると思われます。

・フランチャイズ業務への創業支援（小売業からフランチャイザーへの転換）

　地域金融機関は、経営形態や店舗様式を自行が評価している販売業者が、フランチャイズ展開を始めるに当たり、支援することにしました。当社のブランド力・運営ノウハウ・品揃え力などを活用したいという小売業も数社現れました。これらの小売店に、当社は看板を貸与し、サービス・マニュアルを配布して、開店から順調な営業ができるまでの支援を行うことになりました。順調な販売ができるようになってから、フランチャイズ・フィーを受け取るということにして、このビジネスモデルをスタートしました。しかし、このフィーが順調に回収する時期や金額は、なかなか確定できませんでしたので、地域金融機関は当社に情報提供を詳しく行うことを条件に、「資本性借入金」の支援をすることにしました。

・運送会社へのデジタル投資と人件費コストへの資金支援

　地域金融機関は、自行と取引のある介護施設や病院に、定期的に日用雑貨品・冷凍等食品の配達を行っている運送業者から、宅配兼営業担当者の採用の相談を受けました。この採用に先立って、宅配注文から配達、その後の在庫管理までのデジタル管理投資と、採用人材の教育研修のコストの支援の要請でした。しかし、どうしても、デジタル投資の資金回収期間と金額、新規採用者や既存営業担当への教育訓練の関連コストと回収金額、などについては、明確なキャッシュフロー計画ができませんでした。ただし、この地域金融機関は、この運送業者の主要取引先やその経営陣また保有資産の内容は熟知していることから、資金支援をしたいと思いました。そこで、当社からしっかりした情報開示資料の提出を条件にして、資本性借入金の支援をすることにしました。

・倉庫業者に対する簡単な組立て業務と配送業務への設備資金支援

　地域金融機関は、近隣にできた工場団地に進出する企業から、種々の相談を受けるようになりました。ある倉庫業者から製品・商品の保管や配送、また季節的なニーズのある設備機具・販促機材の預かり業務、部品の簡単な組み立て業務、輸入材料や輸出製品の通関手続き受託業務などの付帯業務を始めたいというものでした。そこで、地域の別の倉庫・運送業者にヒアリングしたところ、それらの付帯業務に関する設備投資や増加人件費の金額を概算して、この地域金融機関が、資本性融資で支援するならば、自社でも、それらの業務をこの倉庫業者に出しても良いとの回答を得ました。そこで、この業者の倉庫の空ペースの詳細や、簡単な部品組み立て人材とスペース、委託企業間のオンライン接続手法、通関手続き受託業務の人材採用などの、それぞれの業務概要と経営改善計画の提出を条件にして、資本性借入金の支援をすることにしました。

5）知的財産が裏付ける「流動資産担保」「コベナンツ」

（Ⅰ）「流動資産担保」「コベナンツ」は「固定資産担保」と違って知的資産が前提になる

　事業性評価とは、企業の事業内容を実態・全体で把握して、成長可能性を見ることで、企業にとっては、攻めのコンセプトです。しかし、担保・保証は、成長のブレーキ役であり、企業にとっても、また企業支援を目指す金融機関の担当者にとっても、守りのコンセプトになります。とはいうものの、事業性評価の考え方を採り入れることで、担保・保証は、攻めのコンセプトに変わります。

　しかも、担保・保証は、貸し手である金融機関の債権保全策と見るのではなく、借り手企業の資金調達拡大策になるのです。担保・保証があれば、金融機関が融資金額を増額してくれるということではなく、企業自身が、この「担保・保証チェック」に登場する、「流動資産担保」「コベナンツ」を励行することにより、資金の自己調達も可能になるということです。「流動資産担保」「コベナンツ」は、企業自身の内部統制を高め、知的資産経営を強化することになり、金融機関や投資家からの信頼が高まり、資金調達が容易になるのです。特に、ESG投資（環境・社会・企業統治の３つの観点に注力する企業への投資）や、インパクト投資（財務的リターンだけでなく、社会的・環境的インパクトを目的にしている投資）が広がってきている昨今は、その動きが明らかになっています。

　現在、一般化している担保は、固定資産担保であり、目に見える固定資産が債権者や金融機関にとられるイメージがあります。もちろん、倒産後の代物弁済は別ですが、ほとんどの場合は、金融機関の債権者・債務者の合意の上での固定資産担保の売却となります。しかし、この「流動資産担保」「コベナンツ」は、債権者本位の担保処理であって、そのベースには、企業自身の組織・人的資産・経営理念・顧客とのネットワークや技術力という企業管理資産や無形資産・知的資産があって、債権者には手の届かない資産であるからです。そのような担保を取る時は、金融機関等債権者は、債務者企業自身が、内部統制や知的資産経営で企業

全体を統制し把握できていることが前提であり、自らもしっかりした事業性評価を行っていることが必要になり、その両者が揃わなければ、「流動資産担保」「コベナンツ」を担保として認識することはできないのです。

　なお、ここで述べた「知的資産」といわれるものは、以下に示す通り、経済産業省のサイトで、広義と狭義にて紹介されています。

▶▶▶ **知的財産権、知的財産、知的資産、無形資産の分類イメージ図**

〈注〉上記の無形資産は、貸借対照表上に計上される無形固定資産と同義ではなく、企業が保有する形の無い経営資源すべてと捉えている。
（参考）近畿経済産業局「知的資産経営のすすめ」

　さて、「流動資産担保」の代表となる ABL（動産・売掛金担保融資）などの仕組みは、企業組織の中の流動資産を、債権者・債務者の決め事で峻別して、その資産を担保にしています。また、「コベナンツ」の財務制限条項の仕組みは、企業組織や人的資産の中で、債権者・債務者の決め事（財務制限条項）を遵守するか否かを、その担保にしています。すなわち、「流動資産担保」「コベナンツ」のベースには、企業としての組織や人的資本・経営理念などの知的資産やその決め事があって、その遵守（コンプライアンス）や企業統治（ガバナンス）が裏打ちされていなければならないということです。

　固定資産担保ならば、債権者が固定資産を切り出して、それを外部で現金化して、その現金で、融資（債権）を返済（回収）することもでき

ますが、「流動資産担保」「コベナンツ」は企業自身の「コンプライアン
スとガバナンス」が前提にあって、債務者が自主的かつ納得して、債権
者に融資（債権）を返戻することしかありません。

　したがって、金融機関審査プロセスにおける4番目のグレー部分の
「担保・保証チェック」では、「流動資産担保」「コベナンツ」については、
企業の「コンプライアンスとガバナンス」が正常に稼働していることが
前提になっています。知的資産が、正常な企業・事業活動の中で、健全
に働いている時しかこの担保を使った、債権回収の処理はできないので
す。企業がいつも通りに運営されていなければ、知的資産の存在感がな
く、その無形資産や知的資産などは減損したり消滅してしまって、「流
動資産担保」はなくなりますし、また、約束ごとは反故になって「コベ
ナンツ」も成立しなくなってしまいます。

　もともと、担保や保証は、借り手企業への融資実行時に想定したキャ
ッシュフローに異常が生じてしまった時に、その担保・保証の資産や約
束事で、手持ちの現金によって、優先して返済することなのです。「従来
型固定資産担保」は、その担保・保証の対象が固定資産ですから、機械
的・画一的な処理で現金化できますが、この「流動資産担保」や「コベ
ナンツ」は、企業の事業性評価が保持され、知的資産経営が続けられな
くなった場合は、対象資産価値が減損・消滅することになります。事業
性評価がしっかり保てる企業に対してのみ、この「流動資産担保」や
「コベナンツ」の担保・保証の徴求が可能になるのです。ということで、
金融機関・債権者は、「流動資産担保」や「コベナンツ」を設定して融資
実行をした場合は、その後の企業動向のフォローが必要になります。常
に、事業性評価を維持できるかという、モニタリングを続けることが必
要になるのです。

　以下では、この「流動資産担保」や「コベナンツ」の担保として、
ABLと事業成長担保権について解説し、知的資産に対する「事業性評
価」の考え方を確認していきたいと思います。

〔2〕ABL（動産・売掛金担保融資）

　この ABL についても、前掲の「知ってナットク！」に、以下の通り、解説されています。これは、「担保・保証に必要以上に依存しない融資」で、「どの企業にも必ずある在庫・売掛金などの資産で、現在、金融機関の借入れの担保に使われていない『流動資産』を、担保として有効活用しましょう」ということです。

　ただし、「知ってナットク！」は、借り手企業が金融機関からいかに円滑に資金調達が可能になるかの視点で書かれていますが、ここでは、借り手企業の債権者に対する担保・保証への義務・責任という観点で見ていくことにしています。

　さて、原材料・在庫・製品・商品また売掛債権などは流動資産であり、しっかりした債務者の内部統制・知的資産があって成り立つものなのです。これらの社内管理は、債務者である企業の知的資産経営やコンプライアンス・ガバナンス体制の下に存在します。担保は、債権者自身が管理するものという概念は、すでに、変わっており、債権者は債務者の社内管理や知的資産経営に信頼を託し、同時に、その経営状況の維持・向上が自らの与信管理であることになっているのです。

ABL（動産・売掛金担保融資）について
～「担保にできる不動産がない」とお悩みの方々のために～

「在庫」や「売掛金」も、「不動産」と並ぶ重要な資産です。
「在庫」や「売掛金」等を担保とする「ABL」を検討してみませんか？

ABL（ Asset Based Lending ）とは…

> 土地や建物ではなく、在庫や売掛金等を
> 活用する資金調達の方法です。

◇　土地や建物ではなく、在庫や売掛金等に担保権を設定することにより、
金融機関から融資を受けることになります。

◇　一方で、借手企業は、在庫や売掛金等の状況を、金融機関に定期的に報告
する必要があります。

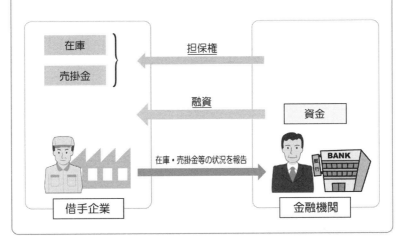

ABL 活用のメリット

担保にできる不動産がない企業に、在庫や売掛金等を担保とした
新たな資金調達の道が開かれます。

事例8 食品加工業者H社のケース

☹ 新製品が評価され、受注が増加している中、更なる
事業の拡大を検討しているが、不動産の担保余力は
乏しく、新規融資を受けることが困難。

☺ 新規融資を受けて、受注量の増加に応じた仕入資金
を確保できれば、更に事業が拡大する見込みが高い。

☺ I銀行に相談した結果、当社の将来性が評価され、当社が在庫や売掛金等の
状況を定期的に報告することを条件に、在庫や売掛金を担保として新規融資を
受けることが決定。

☺ 新製品を増産するとともに、営業の強化に取り組んだ結果、大手コンビニ
チェーンとの契約の獲得にも成功し、事業が順調に拡大。

事例9 衣料品販売業者I社のケース

☹ 主力の低価格品が販売不振となる中、低価格品から
高価格品中心の品揃えに転換し、高級感のある店舗に
改装することを検討しているが、不動産の担保余力は
乏しく、店舗改装のための融資を受けることが困難。

☺ 新規融資を受けて、店舗改装を行い、高価格品中心の
品揃えに転換できれば、収益は回復する見込みが高い。

☺ J銀行に相談した結果、当社の経営改善策が評価され、当社が在庫や売掛金等の
状況を定期的に報告することを条件に、在庫や売掛金を担保として新規融資を
受けることが決定。

☺ 店舗を改装し、高価格品の販売に取り組んだ結果、働く女性の顧客による口コミが
広がり、メディアにも取り上げられ、業績が回復し、経営改善が実現。

　上図の以下の表現は、極めて簡単な表現で述べていますが、一般的な中小企業の場合は、社内では、在庫・売掛金の事務処理の確認を求められます。そのような事務プロセスが整理されていなければ、この企業は、「金融機関に定期的に報告する」ことはできません。社内の事務対応が明確になっていなければ、この ABL 融資は絵に描いた餅になってしまうものと思われます。ABL 融資のメリットを受けることはできないと思います。この事務対応は、後段で、再確認します。

◇　土地や建物ではなく、**在庫や売掛金等に担保権を設定**することにより、金融機関から融資を受けることになります。

◇　一方で、借手企業は、在庫や売掛金等の状況を、**金融機関に定期的に報告**する必要があります。

　まず、この中小企業には、自社の在庫や売掛金の管理帳簿がなければなりません。どの在庫が、いつ・どこの仕入れ先から、いくらで購入されたものかが、帳簿上で明らかになっていなければなりません。また、その在庫は、いつ・どこの販売先に、いくらで売却されたものかも、帳簿に記載されていることが必要になります。商品番号で管理がされているならば、望ましいことであり、モノの動きは明確にわかります。最近では、これらの管理を、パソコンで行い、倉庫や搬送管理にもリンクされ、さらに、試算表も自動出力されるようになっている企業が、かなり多くなっています。このようにパソコン管理が充実している企業は、営業・製造部門の数値が、社内のネットワークで、財務経理部門に送られて、金融機関への報告資料も容易に作成しているようです。企業の年度における全体計画・部門計画も作成され、それらの計画とリンクしたモニタリング計画もできているケースも増えています。これらの数値記入で、モニタリング計画・実績表となって、毎週・毎月・半期・年度の業績管理・人事管理に使われているケースもあります。極めて事務的な内容になりましたが、このプロセスで生じるデータこそ、この ABL 融資

の金融機関への提出データ・報告資料になるのです。

　金融機関としては、この ABL 融資サービスを維持するためには、少なくとも、毎月、申請企業の在庫や売掛金の管理帳簿の写しを提出してもらい、その管理帳簿が、実際の在庫や売上の動きを反映しているという、証明書類を求めます。ただし、ほとんどの企業は、パソコン稼働と社内のネットワークができていますので、金融機関としては、仕入れ・販売・倉庫・搬送などの各部署の作成した簡単な報告書までも、提出を求めるものと思います。

　金融機関としては、不動産担保・株式担保・預金担保の場合は、自行庫の内部に謄本やオリジナル証券を預かって、その企業の担保資産管理を行っていますし、そのことが当然のように思っています。しかし、ABL 融資の場合は、担保物件が金融機関の内部にはなく、債務者企業の内部にあります。すなわち、ABL の担保管理については、企業内の事務プロセスにおける事務フローの中にあります。金融機関としては、その社内の管理資料や管理データの徴求を行いますが、この資料等については、自行庫内部と同様な厳格で詳細な報告資料を求めることになると思います。在庫・売掛金についても、しっかりした内部統制や知的資産経営の下における管理が必要になるということです。

（3）仮称・事業成長担保権（金融庁等で検討中）

　金融庁は、融資・再生実務を発展させる観点から、「事業者を支える融資・再生実務のあり方に関する研究会」を設置し、その「論点整理 2.0」を令和 3 年 11 月 30 日に公表しました。

　企業は、有形・無形の資産を活用して、新しい企業価値を生み出すことに努め、金融機関は、その価値創造を支え、企業・経済の持続的成長に貢献しようと努めています。ただし、一般に、企業が金融機関にこの程度までのリスクは持ってもらいたいと思っている、いわゆる「ミドルリスク」レベルの資金供給は、現在では、金融機関は企業に抵抗感なく提供しているとはいえません。金融機関は、どうしてもリスクに対しては保守的であり、顧客志向のサービスに向けて、融資や専門的なアドバ

イス等を提供したいとは思うものの、いまだに定着してはいません。企業に伴走しながら、企業価値の引き上げに努めたいと思い、時代に合った新しい金融機関の社会貢献を考えていますものの、まだまだ、バラツキが目立ちます。

そこで、この研究会は、企業と金融機関の相乗効果を狙って、事業全体に対する包括的な担保権である「事業成長担保権（仮称）」の検討に入っています。金融機関には、ビジネスモデルが多様化・複雑化している現在にあっては、無形資産・知的資産の概念を取り込んで、事業の内容や成長可能性また企業価値に着目して、事業性評価を行いながら、積極的に資金供給を拡げることが求められています。創業・承継・成長途上の局面にある企業に対しても、資金供給がより円滑に投入されることを望まれています。

そのために、事業全体に対する包括的な担保権（事業成長担保権（仮称））を現在の一般的な担保権と対比し、その検討の推進を見たいと思います。

☐	借り手が必要な融資を受け、貸し手と緊密な関係を構築しやすくなるよう、貸し手が事業を理解して融資する（ファーストペンギンとなる）適切な動機付けをもたらす選択肢（包括的な担保権）を新たに用意できないか
☐	新たな選択肢が適切に活用されるよう、制度設計上あるいは実務上、留意すべき点はないか

現在	新たな選択肢
個別資産に対する担保権のみ	**事業全体に対する包括的な担保権も選択制に**
・担保権の対象は土地や工場等の有形資産 （ノウハウ、顧客基盤等の無形資産が含まれず、事業の将来性と乖離）	・包括的な担保権の対象は無形資産も含む事業全体 （ノウハウ、顧客基盤等の無形資産も含まれ、事業の将来性と一致）
・事業価値への後見を問わず担保権者が最優先 （特に商取引先やDIPファイナンスの保護を欠く）	・事業価値の維持・向上に質する者を最優先 （商取引先・労働者やDIPファイナンスを十分に保護）
・**事業の立ち上げ・承継時の融資が難しい** ・有形資産に乏しい事業者は、事業に将来性があっても経営者保証の負担を追わざるを得ない場合が多い	・**事業の立ち上げ・承継を支える** ・無形資産を含む事業の将来性・事業価値に着目した資金提供
・**事業の成長に質する融資・支援が難しい** ・貸し手の融資行動が、個別資産の価値に左右されやすく、次号の実態に即した融資が難しい（過小・過剰融資）ほか、経営悪化時の支援も遅れる傾向	・**事業の成長（生産性向上）を支える** ・事業の成長が借り手・貸し手の共通の利益になるため、事業の実態に即した融資・支援や、経営悪化時の早期支援が進む
・**事業の再生が難しい** ・貸し手の事業への理解が不足しがちで、事業再生のインセンティブも低いため、再生計画の合意形成が困難 ・商取引先やDIPファイナンスの保護に欠け、事業の継続も困難	・**事業の再生を支える** ・事業を理解し、事業を再生することが借り手・貸し手の共通の利益になるため、再生計画の合意形成等が容易に ・商取引先やDIPファイナンスが保護され、事業の継続も可能に
・**権利の所在が不透明で新規参入・競争が萎縮** ・登記のない担保権等の優先が認められ、権利の所在が不透明なため、新規の貸し手が参入しにくい	・**権利関係の透明性を高め、新規参入・競争を促進** ・登記制度を整備し、透明性・予測可能性を高め、事業を的確に理解する貸し手の参入・競争を促進

p.107 の対比表に示す通り、現在の担保権の主な対象が、土地や工場等の有形資産に限られていますが、これからの担保は、ノウハウや顧客基盤等の無形資産や知的資産を含む、企業全体に対するものです。そして、企業と金融機関が共通の利益を持つことができるよう、制度設計を含め、種々、検討しています。

　企業として、この事業成長担保権を活用するならば、企業自身の内部管理や情報また将来性等を金融機関にアピールすることが可能になりますし、実際に、内部統制や知的資産経営も強化されます。金融機関からの評価が高まり、創業・承継・成長・再生などのニューマネーの引き出しも期待されます。

　金融機関としても、企業の変化するビジネスモデルに対応し、無形資産・知的資産を理解して、事業の将来性・事業価値に着目した事業性評価力も高まり、資金供給も容易になります。事業の立ち上げ、生産性向上、再生支援などの場面においても、企業と金融機関の緊密な関係が構築できるならば、事業の実態に即した融資・支援も活発化し、経営悪化時の早期支援も可能になります。価値ある事業を見極め、早期に抜本的な経営改革を進めることが、借り手・貸し手の共通の利益を高めることになり、事業の継続の可能性も向上するものと思われます。

（4）事業性評価理解のための「内部統制」と「知的資産経営」の概要

　「流動資産担保」「コベナンツ」「ABL 融資」「検討中の事業成長担保権」は、従来の不動産担保、有価証券担保、預金担保とは違って、担保対象が、無形資産・知的資産などを含む企業活動全体さらには、経営全体を包含するものになっています。金融機関としては、融資実行に当たり担保権や担保の対象を吟味しますが、さらに重要なことは、担保管理と回収手法です。この担保管理と回収手法に携わる担当者は、かなりの専門知識が必要になりますが、それ以上にも広範囲な知識が欠かせません。特に、これらの担保については、その担保対象が債務者企業の内部にあって、しかも、その企業自身が内部統制と知的資産経営が実践させていることが前提になりますから、金融機関としても、レベルの高い

「事業性評価力」が必要になります。

　金融機関担当者として慣れ親しんできた不動産担保ならば、不要不急の遊休不動産を中心に担保差し入れを受け、融資金の回収に支障が生じた時には、その物件を売却した代金で、他の債権者に優先して、自行庫の借入れ返済に充てることになります。その債務者企業の内部統制や知的資産経営が徹底されていない時でも、不動産ならば、担保処分を進めることができます。株式担保の場合は、株式を売却して、優先して借入れの返済を行えますし、預金担保も、その預金を取り崩した資金で、優先的に借入れ返済ができます。担保を設定した資産を、債権者が債務者から渡されて処分することは、債務者の気持への配慮はあるものの、機械的・画一的な事務処理で済ますことができるものでした。

　しかし、ABL 融資は、違います。在庫や売掛金の件数が多く金額もバラバラ、入出庫も頻繁で、外部の仕入先や売先の遣り取りもあるということで、担保の管理や事務処理も、すべて債務者企業が行います。また、ABL 融資における在庫・売掛金などは、債務者の営業活動の中で、日々大きく変動します。在庫や売掛金、受取手形、入金の担保は、企業として自由に出し入れが可能であり、金融機関も ABL 融資残高が返済された場合は、その相当金額は補填管理を通して復元事務が生じます。

　売上げが増加傾向にある場合、売掛金が増加し、在庫も増えます。仕入れ商品の値下がり時など、現金で仕入れを行って、将来の販売量の増加を見越して大量の在庫の積み増しを図ります。このような時は、立て替え資金が増加しますから、これらの業務については、社内のチェック機能や外部交渉、意思決定の機能も絡み、企業としては金融機関との交渉や報告業務も重なって、内部統制や知的資産管理も必須になります。

　ただし、金融機関担当者としては、自らが上場企業または同等の企業のメンバーでありながら 内部統制 や 知的資産経営 に対して、あまり馴染みのない業務と思っているようですので、その概要とチェック項目について、以下に詳しく述べますので、その概要は習得しておく必要があります。

企業の内部統制業務

（ⅰ）　内部統制のポイントは、会社法362条と、会社法施行規則100条
　　　　にまとめて書かれています。枠内を一読してください。

1）最近では、上場企業に対する「コーポレートガバナンス・コード」遵
守が話題になり、中小企業についても会社法における取締役会（362
条）の運営や内部統制の細則（会社行施行規則100条）の励行が注目さ
れるようになっている。

会社法……取締役会設置会社
第362条
①　取締役会は、すべての取締役で組織する。
②　取締役会は、次に掲げる職務を行う。

> 一　取締役会設置会社の業務執行の決定
> 二　取締役の職務の執行の監督
> 三　代表取締役の選定及び解職

③　取締役会は、取締役の中から代表取締役を選定しなければならない。
④　取締役会は、次に掲げる事項その他の重要な業務執行の決定を取
　　締役に委任することが できない。

> 六　取締役の職務の執行が法令及び定款に適合することを確保する
> ための体制その他株 式会社の業務並びに当該株式会社及びその子会
> 社から成る企業集団の業務の適性を確 保するために必要なものとし
> て法務省令で定める体制の整備

会社法施行規則100条……内部統制
第100条
１. 法第362条第４項第６号に規定する法務省令で定める体制は、次に掲
げる体制とする。
　　一　取締役の職務の執行に係る情報の保存及び管理に対する体制
　　二　損失の危険の管理に関する規定その他の体制
　　三　取締役の職務の執行が効率的に行われることを確保するための体制
　　四　使用人の職務の執行が法令及び定款に適合することを確保するた

　　　めの体制
　五　当該株式会社並びにその親会社及び子会社から成る企業集団にお
　　　ける業務の適性を確保するための体制
2）金融機関としても、取引先企業の内部統制について、助言相談指導が
　求められ、内部統制が完備できている企業に対する金融支援も、新しい
　ビジネスモデルになる。
3）このビジネスモデルがワークすることになれば、現在話題になってい
　る事業承継者発掘や経営者保証の解除も円滑に行われるものと思われ
　る。
4）特に、借入れの新手法（短期継続融資・資本性借入金・ABL融資）も
　各企業にスムーズに導入できる。
5）金融機関担当者への企業内部で役立つ会社法や内部統制などの教育研
　修が必要になる。

（ⅱ）さらに、内部統制の概要を別の角度から見るならば、日本版SOX
　　　法とコーポレートガバナンス・コードの5原則が参考になります。

日本版SOX法

出典：「「財務報告に係る内部統制の評価及び監査の基準のあり方について」（金融庁）

111

コーポレートガバナンス・コード

1.株主の権利・平等性の確保

2.株主以外のステークホルダーとの適切な協働

3.適切な情報開示と透明性の確保

4.取締役会等の責務

5.株主との対話

（ⅲ）日本取引所グループは、コーポレートガバナンス・コードの改訂に
　　関し、以下のマーケットニュースを公表しました。コーポレート
　　ガバナンス・コードの2021年6月11日の改訂の公表については、
　　上場企業にとっては、社内の事務負担も含め、大きな変化になっ
　　ています。以下のマーケットニュースは、コーポレートガバナン
　　ス・コードの原則2、原則3、原則4の改訂を述べていますが、コー
　　ポレートガバナンス・コードの生きた運用を知るには参考になり
　　ます。また、それぞれの原則や補充原則そしてその改訂の内容の
　　抜粋を削除の線や追加修正部分の下線で示しましたので、それぞ
　　れ見ていただきたいと思います。

2021/06/11　東証

改訂コーポレートガバナンス・コードの公表

【マーケットニュースからの抜粋】

２．企業の中核人材における多様性の確保
■管理職における多様性の確保（女性・外国人・中途採用者の登用）について
　の考え方と測定可能な自主目標の設定
■多様性の確保に向けた人材育成方針・社内環境整備方針をその実施状況とあ
　わせて公表

３．サステナビリティを巡る課題への取組み
■プライム市場上場企業において、TCFD又はそれと同等の国際的枠組みに基
　づく気候変動開示の質と量を充実
■サステナビリティについて基本的な方針を策定し自社の取組みを開示

〈原則2（株主以外のステークホルダーとの適切な協働）〉

【原則2－3．社会・環境問題をはじめとするサステナビリティーを巡る課題】
　上場会社は、社会・環境問題をはじめとするサステナビリティー~~（持続可能性）~~を巡る課題について、適切な対応を行うべきである。

2－3① 　取締役会は、気候変動などの地球環境問題への配慮、人権の尊重、従業員の健康・労働環境への配慮や公正・適切な処遇、取引先との公正・適正な取引、自然災害等への危機管理など、サステナビリティー~~（持続可能性）~~を巡る課題への対応は、重要な~~リスク管理~~リスクの減少のみならず収益機会にもつながる重要な経営課題の一部であると認識し、中長期的な企業価値の向上の観点から、適確に対処するとともに、~~近時、こうした課題に対する要請・関心が大きく高まりつつあることを勘案し、~~これらの課題に積極的・能動的に取り組むよう検討を深めるすべきである。

〈原則3（適切な情報開示と透明性の確保）〉

【原則3－1．情報開示の充実】
　上場会社は、法令に基づく開示を適切に行うことに加え、会社の意思決定の透明性・公正性を確保し、実効的なコーポレートガバナンスを実現するとの観点から、（本コードの各原則において開示を求めている事項のほか、）以下の事項について開示し、主体的な情報発信を行うべきである。

（ⅰ）会社の目指すところ（経営理念等）や経営戦略、経営計画

（ⅱ）本コードのそれぞれの原則を踏まえた、コーポレートガバナンスに関する基本的な考え方と基本方針

（以下省略）

3－1③ 　上場会社は、経営戦略の開示に当たって、自社のサステナビリティについての取組みを適切に開示すべきである。また、人的資本や知的財産への投資等についても、自社の経営戦略・経営課題との整合性を意識しつつ分かりやすく具体的に情報を開示・提供すべきである。
　　　特に、プライム市場上場会社は、気候変動に係るリスク及び収益機会が自社の事業活動や収益等に与える影響について、必要なデータの収集と分析を行い、国際的に確立された開示の枠組みであるTCFDまたはそれと同等の枠組みに基づく開示の質と量の充実を進めるべきである。

〈原則4（取締役会等の責務）〉

> 【原則４－２．取締役会の役割・責務(2)】
>
> 　取締役会は、経営陣幹部による適切なリスクテイクを支える環境整備を行うこと
> を主要な役割・責務の一つと捉え、経営陣からの健全な企業家精神に基づく提案を
> 歓迎しつつ、説明責任の確保に向けて、そうした提案について独立した客観的な立
> 場において多角的かつ十分な検討を行うとともに、承認した提案が実行される際に
> は、経営陣幹部の迅速・果断な意思決定を支援すべきである。
>
> 　また、経営陣の報酬については、中長期的な会社の業績や潜在的リスクを反映さ
> せ、健全な企業家精神の発揮に資するようなインセンティブ付けを行うべきであ
> る。

４－２②　取締役会は、中長期的な企業価値の向上の観点から、自社のサステナビリテ
　　　　ィを巡る取組みについて基本的な方針を策定すべきである。
　　　　　また、人的資本・知的財産への投資等の重要性に鑑み、これらをはじめとする
　　　　経営資源の配分や、事業ポートフォリオに関する戦略の実行が、企業の持続的な
　　　　成長に資するよう、実効的に監督を行うべきである。

企業の知的資産経営

（ⅰ）　知的資産経営とは

　知的資産経営については、人的・技術・組織力・顧客のネットワーク、
ブランドを活用した経営のことです。そして「知的資産経営の開示ガイ
ドライン（平成17年10月 経済産業省）」の「はじめに」に、「企業価値
を高める経営」として述べられています。

　「知的資産経営は、経営の一側面というよりも経営そのものであり、
利益の追求を基本としつつ、多くのステークホルダーを視野に入れ、自
らの有する固有の能力を活かして持続的な利益や発展を目指すことによ
り、企業価値を高める経営のやり方である。そうした意味で、このガイ
ドラインがCSR（企業の社会的責任：Corporate Social Responsibility）
に関する報告書やサステナビリティ報告書の作成・評価に当たっても幅
広く参照されることが期待される。」

　それを受けて、「第1章　ガイドライン策定の背景・意義」の「1. 知的資産経営の重要性」で、この知的資産経営が「我が国経済や世界経済全体にとってプラス効果をもたらす」と書かれています。

　「企業が持続的に発展していくためには、人材、技術、組織力、顧客とのネットワーク、ブランド等の知的資産を活用した経営のやり方がますます重要になってきている。知的資産は、それぞれの企業に固有のものであり、それを組合せて活用するやり方が価値を生む力となる。経営者は、知的資産を認識し、それらを最大限に活用した経営（「知的資産経営」）を実践していくことが重要である。知的資産経営は、企業が有する潜在力を再確認して活用することに他ならず、経営資源の配分を最適化し、企業価値を高め、ひいては我が国経済や世界経済全体にとって、プラスの効果をもたらすものである。」

（ⅱ）　知的資産経営に関する行政機関の動き

　知的資産に対しては、企業はガバナンス、投資家は評価・分析、金融機関は事業性評価ということで、それぞれ活動を始めています。そして、内閣府の知的財産戦略本部から、2022年6月3日に以下の知的財産推進計画が公表され、企業、投資家、金融機関について、それぞれの関係を具体的に図示しています。

〜意欲ある個人・プレイヤーが社会の知財・無形資産を フル活用できる　経済社会への変革〜

> ➤ 日本企業の知財・無形資産投資が不足。コーポレートガバナンス・コード見直しによる企業の開示・ガバナンス強化に加え、**投資家の役割を明確化**することにより、知財・無形資産の投資・活用を促進
> ➤ 中小企業が知財・無形資産を活用した融資を受けられるよう、**事業全体を対象とする担保制度の創設**を検討

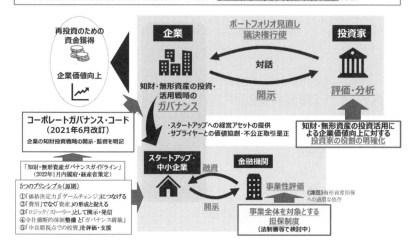

（iii）　「知財・無形資産ガバナンスガイドライン」のポイント

　知的資産経営について、さらに詳しく知るには「知財・無形資産ガバナンスガイドライン」が役立ちます。このガイドラインの5つのプリンシプル（原則）と7つのアクションで理解を深めることができます。そして、これらを遵守することのインセンティブは、「企業価値の向上で、更なる投資資金の獲得」に繋がり、サステナブルファイナンス（ESG地域金融）にも通じることになります。知的資産経営は、「知財・無形資産ガバナンスガイドライン」に重なるものであり、これからの経営そのものという認識になっています。このガイドラインに掲載された以下の図表を精読することをおすすめします。

　「知財・無形資産の投資・活用戦略の開示及びガバナンスに関するガイドライン（略称：知財・無形資産ガバナンスガイドライン）Ver.1.0（概要）」
　〜知財・無形資産の投資・活用戦略で決まる企業の将来価値・競争力〜（投資家や金融機関等との建設的な対話を目指して）

2022年1月 内閣府知的財産戦略推進事務局

「知財・無形資産ガバナンスガイドライン」の全体像

内閣府 知的財産戦略推進事務局

現 状：
- 競争力の源泉としての知財・無形資産の重要性の高まり（←デジタル化の進展、グリーン社会実現の要請）
- 日本企業は、知財・無形資産の投資・活用において、海外先進企業に後れ

知財・無形資産の投資・活用の促進により、企業価値の向上、更なる投資資金の獲得

- 企業の知財・無形資産の投資・活用戦略の開示・ガバナンス強化
- 投資家・金融機関が企業の知財・無形資産の投資・活用戦略を適切に評価し、必要な資金を供給する資本・金融市場の機能強化

コーポレートガバナンス・コードの改訂（2021年6月）により、知財投資戦略の開示、取締役会による監督を明記
⇒上場企業は実施（comply）か説明（explain）が求められる
知財・無形資産の投資・活用戦略の開示・ガバナンスの在り方を分かりやすく示す

価値協創ガイダンス
統合報告書、IR資料
価値創造ストーリーのフレームワークを参照
経営デザインシートなど

ESG要請に対応し、環境・社会面の課題を長期的にプラスの価値評価につなげる

投資家・金融機関

「中長期視点での投資」を評価・支援
- 中長期的な成長、ESG課題の解決等の観点から知財・無形資産投資を評価・支援

スタートアップとのアライアンス
サプライチェーンとのパートナーシップ

投資・活用戦略の開示・発信

投資家等への対話を通じた戦略の錬磨

知財・無形資産ガバナンスガイドライン

5つのプリンシプル（原則）

企業

「ロジック／ストーリー」として開示・発信
- 投資家や金融機関に説得的に説明することで資金を獲得
- 関係者との戦略の共有化

全社横断的な体制整備とガバナンス構築
- 社内横串体制、関係部署の連携強化
- 取締役会でのモニター、「資本の議論」への昇華

知財・無形資産の投資・活用のための7つのアクション

現状の姿の把握 → 重要課題の特定と戦略の位置づけ明確化 → 価値創造ストーリーの構築 → 投資や資源配分の戦略の構築 → 戦略の構築・実行体制とガバナンス構築 → 投資・活用戦略の開示・発信 → 投資家等との対話を通じた戦略の錬磨

中小・スタートアップや投資家・金融機関にも活用されることを期待

「価格決定力やゲームチェンジ」につなげる
- 安易な値下げを回避し、高い利益率を追求
- イノベーションによる競争環境の変革

「費用」でなく「資産」の形成と捉える
- 知財・無形資産投資を「費用」でなく「資産」の形成と捉えることで大胆な投資を推進

※「知財・無形資産」のスコープは、特許権、商標権、意匠権、著作権といった知財権に限られる技術、ブランド、デザイン、コンテンツ、データ、ノウハウ、顧客ネットワーク、信頼・レピュテーション、バリューチェーン、サプライチェーン、これらを生み出す組織能力・プロセスなど幅広い。

知財・無形資産の投資・活用のための5つのプリンシプル（原則）

内閣府
知的財産戦略推進事務局

<table>
<tr><td rowspan="4">企業側</td><td>

① 「価格決定力」あるいは「ゲームチェンジ」につなげる

・知財・無形資産を活用したビジネスモデルを積極的に展開し「価格決定力」につなげる
・発想の大転換を伴うイノベーションによる競争環境の変革（ゲームチェンジ）につなげる

</td></tr>
<tr><td>

② 「費用」でなく「資産」の形成と捉える

・知財・無形資産の投資を「資産」の形成と捉え、安易に削減の対象としないよう意識

</td></tr>
<tr><td>

③ 「ロジック/ストーリー」としての開示・発信

・投資家等に知財・無形資産投資活用戦略を「ロジック/ストーリー」として説得的に説明

</td></tr>
<tr><td>

④ 全社横断的な体制整備とガバナンス構築

・社内の幅広い知財・無形資産を全社的に統合・把握・管理
・戦略の策定/実行/評価を取締役会がモニターするガバナンス構築

</td></tr>
<tr><td>投資家・金融機関側</td><td>

⑤ 中長期視点での投資への評価・支援

・短期的には利益を圧迫しても、大胆な知財・無形資産への投資を理解し支援する姿勢
・中長期的にESG課題解決につながる戦略について、その経営判断を後押しする積極的なアクション

</td></tr>
</table>

知財・無形資産の投資・活用のための7つのアクション

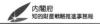

内閣府
知的財産戦略推進事務局

投資家や金融機関等からの適切な評価・分析につなげるために、企業がとるべき7つのアクション

ⅰ．現状の姿の把握
自社の現状のビジネスモデルと強みとなる知財・無形資産の把握・分析を行い、自社の現状を正確に把握する。

ⅱ．重要課題の特定と戦略の位置づけの明確化
メガトレンドのうち自社にとっての重要課題を特定したうえで、注力すべき知財・無形資産の投資・活用戦略の位置づけを明確化する。

ⅲ．価値創造ストーリーの構築
自社の知財・無形資産の価値化がどのような時間軸でサステナブルな価値創造に貢献していくかについて達成への道筋を描き共有化する。

ⅳ．投資や資源配分の戦略の構築
自社の現状の姿と目指すべき姿を照合しギャップ解消のための投資や経営資源配分等の戦略構築しその進捗をKPI設定等で適切に把握する。

ⅴ．戦略の構築・実行体制とガバナンス構築
取締役会で知財・無形資産の投資・活用戦略の充実した議論の体制整備、社内の幅広い関係部署の連携体制の整備等に取組む。

ⅵ．投資・活用戦略の開示・発信
法定開示資料の充実だけでなく任意の開示媒体、広報活動、事業見学等も効果的に活用し知財・無形資産の投資・活用戦略を開示・発信する。

ⅶ．投資家等との対話を通じた戦略の錬磨
投資家や金融機関その他の主要なステークホルダーとの対話・エンゲージメントを通じて知財・無形資産の投資・活用戦略を磨き高める。

（ⅳ）　知的資産指標の一覧

　この「知財・無形資産の投資・活用のための5つのプリンシプル（原則）」における「企業側の①～④」の内容が、その後段（p.119～120）

に、詳しく「投資家や金融機関が重視する視点①②③」として解説が載せられています。現状の我が国の課題を含めて書かれていますので、ご参考にしてください。

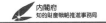

投資家や金融機関が重視する視点
① 「価格決定力」「ゲームチェンジ」につなげる

内閣府
知的財産戦略推進事務局

> 日本企業と欧米企業との間には、利益率（マークアップ率）の格差が存在。
> 強みのある知財・無形資産の活用は、他社との差別化を図り、価格決定力の維持・強化や競争環境の変革をもたらすことで、利益率の維持・向上につなげていく上で必要不可欠。

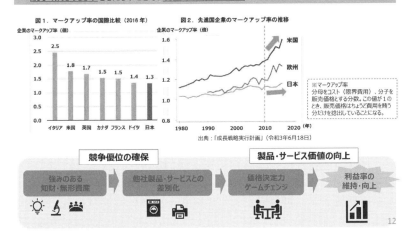

図1. マークアップ率の国際比較（2016年）

図2. 先進国企業のマークアップ率の推移

出典：「成長戦略実行計画」（令和3年6月18日）

競争優位の確保　　　　　製品・サービス価値の向上

12

投資家や金融機関が重視する視点
② 「費用」でなく「資産」の形成と捉える

内閣府
知的財産戦略推進事務局

> イノベーションで新たな市場が確立されるまでの市場創成期においては、ある程度赤字を覚悟してでも大胆な知財・無形資産への投資を行わなければ、将来の企業価値向上は図れない。
> 知財・無形資産の投資は単年度「費用」ではなく「資産」の形成という発想を持ち、安易に削減対象にすることのないように意識することが重要。

■バルーク・レブ教授らによる無形資産に係る会計処理への批判

バルーク・レブ教授らは、会計情報において無形資産が適切に説明されていない点を痛烈に批判。
また、同じ無形資産であるにもかかわらず、外部から購入してきた場合には資産計上されるのに対し、自社で創造・育成した場合には資産計上されないという、異なる扱いがされていることに疑問を呈している。

「それ自身では実質的な価値を創り出すことができない物的投資や金銭投資が、貸借対照表に満額計上されるのに（中略）、特許、ブランド、ノウハウといった自己創出される無形資産—強力な価値創造主体—が即時に費用化される。つまり、損益計算書のなかで、将来ベネフィットのない経常的な費用（給与や賃借料など）として処理されていることは、なんと皮肉なことだろう。」
「さらに不可解なのは、コカ・コーラのようにブランドを育てた場合、一般に公正妥当と認められた会計原則（GAAP）のもとでそれは資産ではないが、そのブランドを購入した場合には、貸借対照表に誇らしげに計上されるのだ。会計によって作り出されたこの誤った経営者のインセンティブ—育てるより買ってきた方がよい—を考えてみてほしい。財務諸表上の無形資産に関するこのばかげた会計処理は、貸借対照表と損益計算書の両方にかなり複雑に悪影響を与え、投資家を非常に混乱させている。」

（出典：バルーク・レブ＋フェン・グー『会計の再生』（中央経済社））

研究開発投資の見える化（エーザイの取組）

人件費や研究開発費等がPBR（株価純資産倍率）と正の相関関係があるとの分析に基づき、通常の営業利益に人件費、研究開発費を足し戻した数字を「ESG EBIT」と定義して開示。

時価総額から簿価純資産を差し引いた額をESGの価値（市場付加価値）として開示。

（出典：「エーザイ統合報告書2020」）

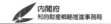

内閣府
知的財産戦略推進事務局

「ロジック/ストーリー」としての説得的な説明

➢ 日本企業の企業価値が低迷している一因として、知財・無形資産を現在及び将来の価値創造やキャッシュフローの創出につなげるビジネスモデルを構築し、これを説得力のある「ロジック/ストーリー」として投資家や金融機関に開示・発信することにおいて課題があることが挙げられる。

➢ 企業は、自社の強みとなる知財・無形資産が、どのように持続的な価値創造やキャッシュフローの創出につながっているかについて、「ロジック/ストーリー」として説得的に投資家や金融機関等に対して説明し、有意義な対話を進めていくことが求められる。

全社横断的な体制整備とガバナンス構築

➢ 知財・無形資産の投資・活用戦略は、企業価値に大きな影響を与える経営マターであり、社内の幅広い知財・無形資産を全社的に統合・把握・管理し、知財・無形資産の投資・活用戦略を構築する全社横断的な体制を整備するとともに、取締役会がモニターするガバナンスを構築することが重要。

（ⅴ）　知的資産経営の実践に向けて

　経営者は、知的資産経営を認識し、経営資源の配分を最適化し、企業価値を高めたいと思いますが、なかなか実践は難しいと思います。また、自社が、実際に、この経営を行うにあたり、スピードのある、知的資産経営を円滑に進めるためには、的確な情報開示を行ない、企業や金融機関としても、広く情報収集に努める必要があります。

　そのためには、「知財・無形資産ガバナンスガイドライン Ver.1.0（概要）」に、「戦略構築の流れ①②③」や、「定性的・定量的な説明（特に、イノベーティブやブランドのビジネスモデル）」「様々な媒体を通じた戦略の開示・発信 (特に、経営デザインシートの活用)」が、情報開示と情報収集には有効であると思います。ご参考にしてください。

戦略構築の流れ
①自社の現状のビジネスモデルと強みとなる知財・無形資産の把握・分析
内閣府　知的財産戦略推進事務局

> 企業は、まず、経営における知財・無形資産の重要性を踏まえ、自らのビジネスモデルを検証し、どのような知財・無形資産が自社の競争力や差別化の源泉としての強みとなっており、それがどのように現在及び将来の価値創造やキャッシュフローの創出につながっているのかについて把握・分析し、自社の現状の姿（As Is）を正確に把握することが重要。
> IPランドスケープの活用等により、自社の知財・無形資産が他社と比べて相対的にどのような位置づけにあるかについても把握・分析し、自社の知財・無形資産の強みを客観的に捉えることが重要である。

旭化成のIPランドスケープの取組

旭化成は、買収した自動車内装材企業のSageと連携し、自動車内装材の業界及び競合知財解析を俯瞰的に実施し、Sageに旭化成の技術を持ち込むことによって新分野が開拓できるのでは、と議論を行い、これをきっかけに、Sageと旭化成の強みを活かした新事業テーマの共同開発につなげた事例がある。

自動車内装材の業界及び競合を俯瞰した知財解析マップ

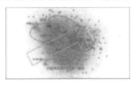

ブリヂストンのIPランドスケープの取組

ブリヂストンでは、自分たちの強みを調べる社内IPランドスケープ（内向きIPL）、競合やサプライヤーのことを調べる社外IPランドスケープ（外向きIPL）を合わせて行い、自社/他社の強みから仮説を立てるIPランドスケープを行い【可視化する】、自社の強み/DNAを意識して生み出す知財ミックスの設計構築【価値に繋ぐ】、経営が理解しやすい工夫とタイムリーなコミュニケーション【具現化する】を行っている。

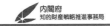

（出典：第2回検討会における中村委員プレゼン資料）

（出典：第2回検討会における荒木委員プレゼン資料）　15

戦略構築の流れ
②知財・無形資産を活用したサステナブルなビジネスモデルの検討
内閣府　知的財産戦略推進事務局

> 企業は、これまでのビジネスモデルがサステナブルかどうかを分析し、将来に向けどのようなビジネスモデルによって競争優位・差別化を維持し、利益率の向上につなげていくかの検討が求められる。
> まず、企業のパーパスや価値創造の方針を明確化し、目指すべき将来の姿（To Be）を描くことが重要。これを踏まえ、自社の知財・無形資産（インプット）を、どのような事業化（事業活動）を通じて、製品・サービスの提供（アウトプット）、社会価値・経済価値（アウトカム）に結びつけるかという、ビジネスモデルを構築することが求められる。
> こうしたビジネスモデルは、価値創造ストーリーとして、定性的な説明に加え、定量的な指標により説明し、その取組の進捗を把握できるようにすることが重要である。
> ビジネスモデルにおいては、自社の知財・無形資産が、どのような時間軸（短期・中期・長期）でサステナブルな価値創造につながっていくかについて意識することが重要。

知財・無形資産の活用によるビジネスモデル

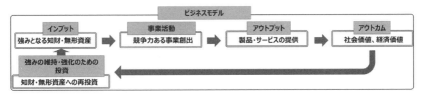

> 企業は、将来の競争優位・差別化を支える知財・無形資産の維持・強化に向け、どのような投資を行い、あるいはその損失リスクに対してどのような方策を講じていくかについての戦略を構築することが求められる。
> 知財・無形資産の把握・分析から明らかとなった自社の現状の姿（As is）と、目指すべき将来の姿（To be）を照合し、足らざる知財・無形資産をどのような投資により埋めていくか、あるいは、経営資源の配分や事業ポートフォリオをどのように見直していくかを検討することが重要。
> 具体的には、今後どのような知財・無形資産の投資を行う必要があるのか（顧客ネットワークやサプライチェーンの維持・強化、研究開発による自社創造、M&Aによる外部からの調達など）、自社の知財・無形資産が支えるビジネスモデルを守るためにどのような方策をとるべきか（他社による侵害、価値棄損への対応、自社権利の維持管理や、秘密保持体制の構築運営など）について検討することが重要。
> 近年は、知財・無形資産を生み出すプロセスにおいて、自社での創出にこだわるのではなく、スタートアップとのアライアンスやM&Aなど外部のリソースを最大限活用して知財・無形資産を調達するオープンイノベーションの必要性が急速に高まっている。スピードが最大の競争要素と化した今日では、M&Aやオープンイノベーションによって、必要な知財を短期間に確実に獲得することが必須。

定性的・定量的な説明

内閣府
知的財産戦略推進事務局

> 自社のいかなる知財・無形資産が競争優位につながるのかについての「因果パス」（何が原因で何が結果か）を明確化するため、定性的な説明に加え、定量的な指標（KPI等）を効果的に用いることが重要。
> 用いられるべき定量的な指標は、業種、事業形態、ビジネスモデルなどによって異なる。企業は、自社の業種、事業形態、ビジネスモデルに即して、どのような指標が企業価値の向上に寄与しているか、どのような指標を用いれば知財・無形資産の投資・活用戦略を「ロジック/ストーリー」として説得的に説明できるかを検討し、用いる指標を抽出することとなる。
> 客観性の高い指標を用いることにより、「ロジック/ストーリー」の説得力は高まる。他社との横比較が可能な定量的な指標の開示は、投資家や金融機関が重視する相対的な評価に有用。
> 定量的な指標は経年で把握し、取締役会による監督において知財・無形資産の投資・活用戦略の進捗を把握する際に活用されることが望ましい。

定性的・定量的説明の例

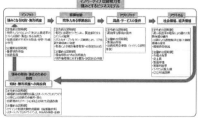
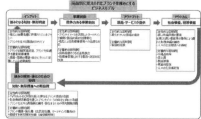

様々な媒体を通じた戦略の開示・発信　　　　　　　内閣府
知的財産戦略推進事務局

> 知財・無形資産の投資・活用戦略の開示・発信は、多様な方法が許容されるべきであり、開示・発信の自由度が確保され、企業ごとのクリエイティブな発想に基づく開示・発信を促すことが重要。
> 開示・発信方法としては、例えば、統合報告書、コーポレート・ガバナンス報告書、IR資料など既存の開示・発信媒体の活用を想定。既に多くの企業において、統合報告書でビジネスモデルの開示・発信が行われていることを踏まえれば、知財・無形資産の投資・活用戦略の開示・発信も、統合報告書を通じて行うことが効率的。
> メディアや工場見学会等を通じた開示・発信も有効に活用すべき。企業が公表している資料や直接の対話等で得られない「モザイク情報」は、投資家や金融機関との対話を深める上で極めて有用。

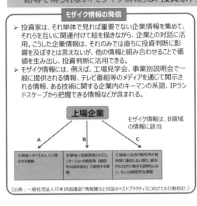

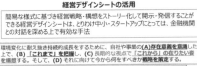

21

6)「リレバン（リレーションシップバンキング、地域密着型金融）」「デジタル田園都市国家構想基本方針」と事業性評価融資

(1)「リレバン（リレーションシップバンキング、地域密着型金融）」施策

　第5番目が、金融機関審査の「第3プロセス」である「エリア金融審査項目」です。地域金融機関は、「リレーションシップバンキング」「地域密着型金融」の考え方で、中小企業と親密な関係を維持・継続し、入手しにくい信用情報などを把握して、融資などのサービスを高めるということです。このビジネスモデルは、当初は、金融機関の審査コストの軽減・早期化でしたが、その後は、取引先企業の地域貢献度を見ることに注力しています。「リレーションシップバンキング」「地域密着型金融」として多くの施策を金融庁が出し続けましたが、最近は、「まち・ひと・しごと創生総合本部」や「内閣府・中小企業庁」では、「地域連携」を強くすすめるようにもなっています。また、金融庁によって、「金融仲介機能ベンチマーク」にも、以下のような項目が明記されました。

項目	選択ベンチマーク
（1）地域への コミットメント・ 地域企業との リレーション	1. 全取引数と地域の取引数の推移、及び、地域の企業との比較（先数単体ベース）
	2. メイン取引（融資残高1位）先数の推移、及び、地域の企業との比較（先数単体ベース）
	3. 法人担当者1人当たりの取引先数
	4. 取引先への平均接触頻度、面談時間

　なお、このリレバン施策の概要については、「1．ライフサイクルに応じた取引先企業の支援強化」「2．事業価値を見極める融資手法をはじめ中小企業に適した資金供給手法の徹底」「3．地域の情報集積を活用した持続可能な地域経済への貢献」で、具体的なケースを含めた記述は以下の通りです。ただし、2010年以前のリレバン施策においては、取引先企業や金融機関の枠を大きく越えられず、ステークホルダーや地域社会は、現在のサステイナブルファイナンスよりも狭い範囲を意識していました。

【推進のための具体的取組み】

1．ライフサイクルに応じた取引先企業の支援強化
　　中小企業の様々な成長段階にあわせた審査・支援機能の強化。
○　事業再生
・　事業価値を見極める地域密着型金融の本質に係わる一番の課題。
・　企業価値が保たれているうちの早期再生と再生後の持続可能性ある事業再構築が最も重要。
・　外部からの経営者の意識改革を促せるのは地域金融機関。
・　中小企業再生支援協議会、ファンドの一層の活用。
・　アップサイドの取れる新たな手法、DIPファイナンスの適切な活用等。
○　創業・新事業支援
・　ファンドの活用、産学官の連携、再挑戦支援の保証制度の活用等。
○　経営改善支援
○　事業承継（地域企業の第4のライフステージとして明示的に位置づけ、支援）

2．事業価値を見極める融資をはじめ中小企業に適した資金供給手法の徹底
○　事業価値を見極める融資＝不動産担保・個人保証に過度に依存しない融資の徹底
・　「目利き機能」の向上（特に、中小零細企業）。
・　定性情報の適正な評価、定量情報の質の向上。
・　動産・債権譲渡担保融資、ABL（Asset Based Lending）、コベナンツの活用等。

○　その他中小企業に適した資金供給手法の徹底
・　ファンドやアップサイドの取れる投融資手法の活用など、エクイティの活用によるリスクマネーの導入等。
・　CLOやシンジケートローンなど、市場型間接金融の手法の活用。

３．地域の情報集積を活用した持続可能な地域経済への貢献
○　地域の面的再生
・　調査力、企画力を活かした、ビジョン策定への積極的支援。
・　「公民連携」への積極的参画
－　官と民が役割分担、地域の全プレーヤーがビジョンを共有、連携した取組み。
－　「リスクとリターンの設計」、「契約によるガバナンス」が重要。金融機関には、コーディネーターとしての積極的参画を期待。
○　地域活性化につながる多様なサービスの提供
・　リバースモーゲージなど高齢者の資産の有効活用、金融知識の普及等。
・　多重債務者問題への貢献、コミュニティ・ビジネス等への支援・融資（特に協同組織金融機関）。
○　地域への適切なコミットメント、公共部門の規律付け
・　コスト・リスクの適切な把握による緊張感ある関係。地方財政の規律付けの役割。

出典：「地域密着型金融の取組みについての評価と今後の対応について－地域の情報集積を活用した持続可能なビジネスモデルの確立を－　平成19年4月5日金融審議会金融分科会第二部会」

（２）デジタル田園都市国家構想基本方針
（まち・ひと・しごと創生基本方針の改訂）

　リレバン（リレーションシップバンキング、地域密着型金融）の想定は、地域金融機関の営業店の周辺環境をイメージしていますが、まち・ひと・しごと創生基本方針は、国の少子高齢化対策を念頭においた地域活性化策で、地域金融機関の本部・支店の広範囲の環境をイメージするものになりました。その後、2022年6月7日に「デジタル田園都市国家構想基本方針」が閣議決定されました。

　これは、デジタル技術を地方の社会課題解決の鍵とし、「全国どこでも誰もが便利で快適に暮らせる社会」を目指すことを謳ったもので、従来の「まち・ひと・しごと創生総合戦略」の機能を広げる方向の改訂をしました。

デジタル田園都市国家構想基本方針について

令和4年6月
内閣官房デジタル田園都市国家構想実現会議事務局

▶▶▶ デジタル田園都市国家構想基本方針の全体像

デジタル田園都市国家構想基本方針の全体像

【基本的な考え方～「全国どこでも誰もが便利で快適に暮らせる社会」を目指して～】

デジタルは地方の社会課題を解決するための鍵であり、新しい価値を生み出す源泉。今こそデジタル田園都市国家構想の旗を掲げ、デジタルインフラを急速に整備し、官民双方で地方におけるデジタルトランスフォーメーション（DX）を積極的に推進。

> ➢ デジタル田園都市国家構想は「新しい資本主義」の重要な柱の一つ。地方の社会課題を成長のエンジンへと転換し、持続可能な経済社会の実現や新たな成長を目指す。
> ➢ 構想の実現により、地方における仕事や暮らしの向上に資する新たなサービスの創出、持続可能性の向上、Well-beingの実現等を通じて、デジタル化の恩恵を国民や事業者が享受できる社会、いわば「全国どこでも誰もが便利で快適に暮らせる社会」を目指す。これにより、東京圏への一極集中の是正を図り、地方から全国へとボトムアップの成長を推進する。
> ➢ 国は、基本方針を通じて、構想が目指すべき中長期的な方向性を提示し、地方の取組を支援。特に、データ連携基盤の構築等国が主導して進める環境整備に積極的に取り組む。地方は、自らが目指す社会の姿を描き、自助的・主体的に構想の実現に向けた取組を推進。

【取組方針】

☆解決すべき地方の社会課題	デジタル実装を通じて、地方の社会課題解決・魅力向上の取組をより高度・効率的に推進

・人口減少・少子高齢化
※出生率 1.45(2015年)→1.33(2020年)
※生産年齢人口 7,667万人(2015年)
→7,450万人(2021年)

・過疎化・東京圏への一極集中
※東京圏転入超過数 80,441人(2021年)

・地域産業の空洞化
※都道府県別労働生産性格差
最大1.5倍(2018年) 等

➢ **デジタルの力を活用した地方の社会課題解決**
（2024年度末までにデジタル実装に取り組む地方公共団体1000団体達成）
①地方に仕事をつくる
　スタートアップ・エコシステムの確立、中小・中堅企業DX（キャッシュレス決済、シェアリングエコノミー等）、スマート農林水産業、観光DX、地方大学を核とるイノベーション創出等
②人の流れをつくる
　「転職なき移住」の推進（2024年度末までにサテライトオフィス等を地方公共団体1000団体に設置）、オンライン関係人口の創出・拡大、二地域居住等の推進、サテライトキャンパス等
③結婚・出産・子育ての希望をかなえる
　母子オンライン相談、母子健康手帳アプリ、子どもの見守り支援等
④魅力的な地域をつくる
　GIGAスクール・遠隔教育（教育DX）、遠隔医療、ドローン物流、自動運転、MaaS、インフラ分野のDX、3D都市モデル整備・活用、文化芸術DX、防災DX等
⑤地域の特色を活かした分野横断的な支援
　デジタル田園都市国家構想交付金による支援、スマートシティ関連施策の支援（地域づくり・まちづくりを推進するハブとなる経営人材を国内100地域に創出）

➢ **デジタル田園都市国家構想を支えるハード・ソフトのデジタル基盤整備**
2030年度末までの50の人口カバー率99%達成、全国各地で十数か所の地方データセンター拠点を5年程度で整備、2027年度末までに光ファイバの世帯カバー率99.9%達成、日本周囲の海底ケーブル（デジタル田園都市スーパーハイウェイ）を2025年度末までに完成する等、「デジタル田園都市国家インフラ整備計画」の実行等を通じてデジタル基盤整備を推進。
　①デジタルインフラの整備　②マイナンバーカードの普及促進・利活用拡大　③データ連携基盤の構築
　④ICTの活用による持続可能性と利便性の高い公共交通ネットワークの整備　⑤エネルギーインフラのデジタル化

➢ **デジタル人材の育成・確保**
デジタル推進人材について、2026年度末までに230万人育成。「デジタル人材地域還流戦略パッケージ」に基づき、人材の地域への還流を促進。
「女性デジタル人材育成プラン」に基づく取組を推進。
　①デジタル人材育成プラットフォームの構築　②職業訓練のデジタル分野の重点化　③高等教育機関等におけるデジタル人材の育成　④デジタル人材の地域への還流促進

➢ **誰一人取り残されないための取組**
2022年度に2万人以上で「デジタル推進委員」の取組をスタートし、今後更なる拡大を図るなど、誰もがデジタルの恩恵を享受できる「取り残されない」デジタル社会を実現。
　①デジタル推進委員の展開　②デジタル共生社会の実現　③経済的事情等に基づくデジタルデバイドの是正　④利用者視点でのサービスデザイン体制の確立
　⑤「誰一人取り残されない」社会の実現に資する活動の推進・横展開

（構想の実現に向けた地域ビジョンの提示）地方の取組を促すため、構想を通じて実現する地域ビジョンを提示。

スマートシティ・スーパーシティ　「デジ活」中山間地域　産学官連携都市　SDGs未来都市　脱炭素先行地域　MaaS実装地域

【今後の進め方】
○デジタル田園都市国家構想総合戦略（仮称）の策定（まち・ひと・しごと創生総合戦略の改訂）
・国は、2024年度末までの構想の方向を定めたまち・ひと・しごと創生総合戦略を抜本的に改訂し、構想の中長期的な方向を提示するデジタル田園都市国家構想総合戦略（仮称）を策定
・地方公共団体は、新たな状況下で目指すべき地域像を再構築し、地方版総合戦略を改訂し、具体的な取組を推進。国は、様々な施策を活用して地方の取組を支援。

1

なお、「まち・ひと・しごと創生基本方針2021」については、令和3年6月に、内閣官房まち・ひと・しごと創生本部事務局・内閣府地方創生推進事務局から、以下の考え方を示しています。

1. まち・ひと・しごと創生基本方針2021の考え方

○　新型コロナウイルス感染症は地域経済や住民生活になお大きな影響を及ぼしている一方、地方への移住に関する関心の高まりとともにテレワークを機に人の流れに変化の兆しがみられるなど、国民の意識・行動が変化。

○　こうした変化を踏まえ、本基本方針では、①地域の将来を「我が事」として捉え、地域が自らの特色や状況を踏まえて自主的・主体的に取り組めるようになる、②都会から地方への新たなひとやしごとの流れを生みだすことを目指す。これにより、訪れたい・住み続けたいと思えるような魅力的な地域を実現していく。

○　この実現に向け、感染症が拡大しない地域づくりを含め、総合戦略に掲げた政策体系(4つの基本目標及び2つの横断的目標)に基づいて取組を進めるに当たり、新たに、3つの視点(ヒューマン、デジタル、グリーン)を重点に据え、地方創生の取組のバージョンアップを図りつつ、まち・ひと・しごと創生本部が司令塔となって、政策指標をしっかり立て、全省庁と連携を取りながら政府一丸となって総合的に推進する。

感染症の影響を踏まえた基本的な方向性

○感染症による意識・行動変容を踏まえた、ひと・しごとの流れの創出

＜現下の状況＞
・テレワーク実施率の急増
・特に若い世代の地方への関心の高まり
・東京から地方への個人・企業の転出の動き

○各地域の特色を踏まえた自主的・主体的な取組の促進

＜自主的・主体的な取組を実施する上で留意すべき流れ＞
・感染症や人口減少等を踏まえた地域課題の解決のためのデジタル化への関心の高まり
・地域の活性化に繋がる再生エネルギーや、新たな価値観としての地方創生SDGsへの関心の高まり

地方創生の3つの視点

○ヒューマン(地方へのひとの流れの創出、人材支援)

地方創生テレワーク　　　関係人口

○デジタル(地方創生に資するDXの推進)

地域データ活用　　交通分野におけるデジタル化

○グリーン(地方が牽引する脱炭素社会の実現)

再生可能エネルギー

1

　これらの方針をアクションプランに落とし込む場合は、地域の企業・住民との密な関係とリーダーシップを保有している地域金融機関の役割が高まっています。また、地域金融機関としても、これから普及が見込めるサステナブルファイナンスのインフラ構築には、上記の基本方針に加えて、行政機関が情報提供を行っている以下の「RESAS」や「ローカルベンチマーク」のサイトが効果的です。ここではそれぞれのホームページの一部を掲載しましたが、通読されることをおすすめします。

地域経済分析システム（RESAS）のデータ一覧

令和4年10月
内閣官房　デジタル田園都市国家構想実現会議事務局
内閣府　地方創生推進室

▶▶▶ 地域経済分析システム（RESAS：リーサス）の概要

- 地域経済を活性化する上で、**地域の現状・実態の正確な把握**が必要不可欠。
- このため、地域経済に関連する様々な**ビッグデータを「見える化」するシステム（RESAS）**を構築し、地方創生版・三本の矢の「情報支援」として、2015年4月より提供。
- 地域のデータ分析の「入り口」として、**初心者でも簡単に使えるシステム**を実現。各自治体が「地方版まち・ひと・しごと創生総合戦略」のKPIを設定する際など、地域政策の現場で幅広く活用。

地域経済分析システム（RESAS）マップ一覧

①人口マップ

人口推計・推移、人口ピラミッド、転入転出等が地域ごとに比較しながら把握可能

②地域経済循環マップ

自治体の生産・分配・支出におけるお金の流入・流出が把握可能

③産業構造マップ

地域の製造業、卸売・小売業、農林水産業の構造が把握可能

④企業活動マップ

地域の創業比率や黒字赤字企業比率、特許情報等が把握可能

⑤消費マップ

POSデータによる消費の傾向や外国人の消費構造が把握可能

⑥観光マップ

国・地域別外国人の滞在状況等のインバウンド動向や、宿泊者の動向等が把握可能

⑦まちづくりマップ

人の流動や事業所立地動向、不動産取引状況など、まちづくり関係の情報が把握可能

⑧医療・福祉マップ

地域の雇用や医療・介護について、需要面や供給面からの把握が可能

⑨地方財政マップ

各自治体の財政状況が把握可能

総メニュー数の推移

<スタート時>　　　<現在>
25メニュー ➡ **84メニュー**
（2015年）　　（2022年9月）
約358万PV　　約873万PV
（2015年度）　（2021年度）

※現在公開中のメニュー数

その気づきを次のアクションへ

支援機関向け

ローカルベンチマーク

 ## 大切なことは相手を知ること！

● 環境変化の大きな現代では、企業の強み（資産）を経営に活かすことが重要です。

● 企業の資産には、建物や機械などの「目に見える資産」の他に、例えば人脈やブランド、チームワークの良さなどの「目に見えない資産」があります。

● 「目に見えない資産」はお金に換算することが難しく、企業内部の人でも気づいていないこともあります。しかし、企業の強みとは本来これらを総合したものです。

● 企業のすべての強みを把握し、経営に活かす支援を行うことが重要です。

知的資産経営を実践すると、こんなメリットがあります。

● 経営者や従業員が企業の強みに気づくきっかけになる。

● 従業員が企業の戦略を理解することに繋がり、一体感が向上する。

● 金融機関・取引先・地域などに対して企業の強みを明確に説明できる。

● 企業の魅力と方向性を伝えやすくなり、企業にマッチする人材の確保に繋がる。

● 後継者に企業の全容を伝えることができ、事業承継が円滑になる。

❓ ローカルベンチマーク（通称：ロカベン）とは

● ロカベンは、3つのシートに企業の情報を記入することで、経営状態や強みを知ることができるツールです。

● 「業務フロー・商流」、「4つの視点（経営者、事業、企業を取り巻く環境・関係者、内部管理体制）」のシートには知的資産経営の考えが取り入れられており、このシートを使って企業と対話をすることで、見えない強みに気づき、企業への理解を深める入口となります。

シート❶ 業務フロー・商流
製品・商品・サービスを提供する流れを整理

シート❷ 4つの視点
経営全体を様々な視点から整理

シート❸ 財務分析
決算書情報を入力して財務状況を分析

7) 有価証券報告書のような取引先企業の情報開示資料

　有価証券報告書とは、金融商品取引法で規定され、決算後の企業状況をまとめて報告するものです。上場企業などの企業が、投資家保護の目的で、投資判断を誤らせないように、提出が求められています。中小企業においても資本性融資やゼロゼロ融資また返済猶予が広がることで、企業の情報開示が要請されていますが、その情報開示の基準は定まっていません。そこで、ここでは、有価証券報告書の開示基準の一部を示すことにしました。金融機関は、返済なしの無担保の融資を提供するばかりではなく、取引先企業の情報を取って経営者にアドバイスをすることも大切です。中小企業は情報開示を積極的に金融機関を含むステークホルダーに実施する必要があります。経営者としては、有価証券報告書を参考にして情報開示を行い、金融機関はその開示事項に対して有効なリスポンスををを行って、アドバイスやコンサルを履行すべきであると思います。

令和4年3月25日
金融庁

有価証券報告書の作成・提出に際しての留意すべき事項及び 有価証券報告書レビューの実施について（令和４年度）

1．有価証券報告書の作成・提出に際しての留意すべき事項について

　令和４年３月期以降の事業年度に係る有価証券報告書の作成・提出に際しての留意すべき事項は以下のとおりです。

（1）新たに適用となる開示制度に係る留意すべき事項
令和４年３月期以降に適用される開示制度に係る公表・改正のうち、主なものは以下のとおりです。
・「収益認識に関する会計基準」の公表を踏まえた財務諸表等規則等の改正
・「時価の算定に関する会計基準」、「棚卸資産の評価に関する会計基準」の改正、及び「金融商品に関する会計基準」の改正（以下、「時価の算定に関する会計基準等」）の公表を踏まえた財務諸表等規則等の改正

（2）有価証券報告書レビューの審査結果及び審査結果を踏まえた留意すべき事項

　令和３年度の有価証券報告書レビューの審査結果及びそれを踏まえた留意すべき事項は📄別紙1のとおりです。

2．有価証券報告書レビューの実施について

　上記の「２．有価証券報告書レビューに実施について」の内容以降は省略しますが、同内容の次の「有価証券報告書レビュー(概要)」を掲載します。

有価証券報告書レビュー（概要）

○ 有価証券報告書レビュー（以下「有報レビュー」という。）は、有価証券報告書の記載内容の適正性を確保するための審査の枠組みであり、従来から、金融庁及び財務局等が連携して実施しています。

○ 有報レビューは、具体的には、法令改正関係審査、重点テーマ審査及び情報等活用審査の３つを柱としています。

　（１）法令改正関係審査

　　　　法令改正事項について行うもの。全ての有価証券報告書提出会社が対象となる。

　（２）重点テーマ審査

　　　　特定のテーマに着目し、審査対象を抽出した上で、より深度ある審査を行うもの。審査対象となる会社には、所管の財務局等から個別の質問状を送付する。

　（３）情報等活用審査

　　　　上記に該当しない場合であっても、適時開示や報道、提供された情報等を勘案して行うもの。審査対象となる会社には、所管の財務局等から個別の質問状を送付する。

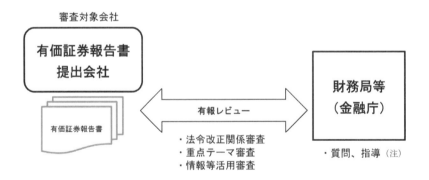

「令和２年度 有価証券報告書レビューの審査結果及び審査結果を踏まえた留意すべき事項」（令和３年４月８日 金融庁企画市場局）の抜粋を以下に載せます。

ここでは、審査内容・審査結果について述べ、次に留意すべき事項について、記載されていますが、経営方針・経営環境等、事業等のリスク、

ＭＤ＆Ａ（経営者による財務・経営成績の定性情報）の「留意すべき事項」に絞って具体的に紹介しています。中小企業の経営者などが、有価証券報告書のような情報開示資料を自ら作成する場合は、細目の記載よりも大筋の欠かすことができない内容を押さえておく必要があります。このような趣旨を踏まえて以下の内容を通読してください。

▶▶▶ 記述情報の審査に関する考え方

- 本年度の法令改正関係審査の対象とした記述情報については、提出会社の実情に合わせて一定の自由な記載を認めている。そのため、開示する記載内容は各社独自の工夫が期待されるものであり、一律に望ましい開示の在り方を示すことはしない。

- 一方で、法令で求める記載がない事例や法令が求める水準を満たすことのみを目的として最低限の記載をしていると考えられる事例も見られ、投資家が必要とする十分な情報が得られる記載とはなっていない事例も見受けられる。

- そこで、本年度の法令改正関係審査の結果公表では、次ページ以降で、審査の過程で把握した課題があると考えられる事項とそれを踏まえた留意事項を項目ごとに示すとともに、適宜、好事例や改善の余地がある事例の具体例を紹介することで、提出会社の検討に資する情報を提供することにした。

- これらの具体例について、好事例をそのまま引用する、又は、改善の余地があると考えられる開示例のポイントを形式的にチェックリストとして利用することのないよう留意されたい。

▶▶▶ 留意すべき事項（経営方針、経営環境等）

留意すべき事項

○ 経営環境については、**企業構造、事業を行う市場の状況や競合他社との競争優位性に加えて、自社の弱みや課題、経営環境の変化を踏まえた自社にとっての機会やリスクに関する経営者の認識を記載**し、これらも踏まえて経営方針・経営戦略等を記載することが求められている。

○ また、投資家がセグメントごとの経営方針・経営戦略等を適切に理解できるよう、**各セグメントに固有の経営環境についての経営者の認識も併せて説明**することが期待される。

経営環境や経営方針・経営戦略に関する記載が現状を反映せずに**一般的な内容にとどまる場合、投資家は経営者の認識の妥当性や経営方針・経営戦略の実現可能性について判断することが困難**となる。そのため、各提出会社は開示府令の趣旨を踏まえて具体的かつ充実した開示を検討されたい。

（新型コロナウイルス感染症の影響に関する開示のポイント）

○ 新型コロナウイルス感染症の広がりは、各社の経営環境等に大きな影響を与えており、その影響は事業等によって異なるものと考えられる。このため、新型コロナウイルス感染症が自社の経営環境にどのような影響を与えているかについて、経営者が新たに認識した自社の弱みや課題、機会やリスク等も踏まえ、セグメントごとに具体的に記載することが望まれる。
○ また、現状の経営環境の変化を踏まえて経営方針・経営戦略等を見直す場合、従前からどのような点を変更したかが分かるように記載することが望まれる。

15

▶▶▶ 留意すべき事項（事業等のリスク）

留意すべき事項

○ 事業等のリスクの開示においては、**企業の財政状態、経営成績及びキャッシュ・フローの状況等に重要な影響を与える可能性があると経営者が認識している主要なリスク**について、当該リスクが顕在化する可能性の程度や時期、当該リスクが顕在化した場合に経営成績等の状況に与える影響の内容、当該リスクへの対応策を記載するなど、**具体的に記載**することが求められている。

○ また、**リスクの重要性や経営方針・経営戦略等との関連性の程度を考慮して、分かりやすく記載**することも求められている。

事業等のリスクが**一般的なリスクの羅列や抽象的な記載にとどまる場合、投資家は自らの判断に重要な影響を及ぼす可能性のある事項を理解することが困難**となる。そのため、各提出会社は開示府令の趣旨を踏まえて具体的かつ充実した開示を検討されたい。

（新型コロナウイルス感染症の影響に関する開示のポイント）

○ 経営者として、新型コロナウイルス感染症による自社のビジネスへの影響を検討し、当該感染症が経営成績等の状況に重要な影響を与える可能性があると認識している場合には、有価証券報告書等の「事業等のリスク」に記載する必要がある。
○ 記載にあたっては、取締役会や経営会議における議論の内容（経営者の視点での状況認識・分析と、これに対する対応策）を記載する等、具体的に記載することが求められる。

19

▶▶▶ **留意すべき事項（MD＆A）**

留意すべき事項

○ 経営成績等の状況に関しては、**単に財務情報の数値の増減を説明するにとどまら** **ず、事業全体とセグメント情報のそれぞれについて、経営者の評価を提供する**ことが 求められている。

○ 重要な会計上の見積り及び当該見積りに用いた仮定については、**それらと実績との** **差異などにより、企業の業績に予期せぬ影響を与えるリスクがあるため、**重要な会計 上の見積り及び当該見積りに用いた仮定について、**充実した開示が行われること**が 求められる。

（新型コロナウイルス感染症の影響に関する開示のポイント）

（経営成績等の状況）
新型コロナウイルス感染症が、経営成績等に大きな影響を与えている状況において、KPIの達成 状況等を記載する場合には、当期の増減要因として単に「新型コロナウイルス感染症の影響」と記 載するのではなく、新型コロナウイルス 感染症による影響とそれ以外の影響とに区分し、それぞれ の内容を具体的に記載することが期待される。

（重要な会計上の見積り）
会計上の見積りを行う上で企業が新型コロナウイルス感染症の影響についてどのような仮定を置 いたかについては、「会計上の見積りの開示に関する会計基準」に基づく注記や「追加情報」におい て具体的に開示されることが求められており、MD＆Aの「会計上の見積り」においても不足する情 報を補足することが期待される。

23

　経営者は、金融機関や行政機関を含めたステークホルダーに、相手の 立場を考慮した情報開示を行うべきです。その内容は取締役会で十分に 吟味し、対話を行って経営者自身が責任を持って開示できる内容までに 高める必要があります。

3 サステナブルファイナンスの審査

1 金融機関にとってのサステナブルファイナンスの位置づけ

　SDGs（持続可能な開発目標）の広がりとともに、「サステナブル」という言葉が一般化されていますが、特に、「サステナブルファイナンス」が注目されています。このサステナブルファイナンスとは、「持続可能な未来のための金融」と言う内容で理解されています。

　具体的にはサステナブル投資、サステナブル債権、サステナブル融資が、このサステナブルファイナンスを構成していますが、その中で、サステナブル融資の資金の出し手である金融機関が、最も融資審査で混乱することになるものと思われます。「投資は、企業の株式を購入、または売却すること」であり、「債権は、社債・公債を発行、または購入すること」で、それぞれの資金の出し手である投資家や引受業者また債券購入者は、有価証券報告書などで、企業自身やステークホルダーの情報開示資料によって、資金投入の意思決定をしています。

　しかし、融資を通して資金供給をする地域の金融機関は、有価証券報告書のようなしっかりした情報開示資料によって、企業自身やステークホルダーの情報提供は受けないままに、融資審査で資金投入の意思決定を行っています。この融資の目線は、「時間ギャップ充当」の状況を判断するもので、投資家の「資本構成ギャップ充当」の状況を見る審査目線とは異なるものです。金融機関の融資判断は、以下の稟議書で、上段の2行である「融資金額、（返済）期日、返済方法、資金使途、担保」がキーワードとなっています。そして、中段の3行に記載された、過去時点の決算書から算出された財務指標（財務内容、損益状況、財務比率）の補完情報によって融資の可否の判断をすることになっています。事業

性評価の情報開示資料に必須な内容で、前述したサステナブルファイナンスの重要項目である「経営方針・経営環境、事業等のリスク、MD&A」など（p.134 〜 135）を記入する欄はありません。

▶▶▶ 金融機関内部の稟議書の典型的フォーム・稟議書の表紙

貸出の種類	金額	利率	期日	返済方法	資金使途
担保					
貸出内容	現在残高	利率	毎月返済額	引当	当初金額
①					
②					
③					
合計					
財務内容					
損益状況					
財務比率					
所見					

支店長	副支店長	課長	担当	副審査役	審査役	次長	部長	取締役	専務・常務	副頭取	頭取
◯	◯	◯	◯	◯	◯	◯	◯	◯	◯	◯	◯

※p.32図表と同じ

　持続可能な未来のための金融である「サステナブルファイナンス」については、キャッシュフローを見極める「返済期日や返済方法」も、返済財源とリンクする「資金使途」、また、企業の窮境時に現金化される「担保」などは、「サステナブルファイナンス」の審査の主な決定要因にはなっていませんし、財務内容中心のスコアリングも格付けも、同様に、審査を決定する要因ではありません。むしろ、サステナブルファイナンスの審査の決定要因は、前述の「資本性融資」において注目した「超長期の設備投資、人材投資、物件投資、広告宣伝費、IT 関連費用など」の長期的で広範囲の事業の集まりである企業の要因であり、全社ベースの総合的な要因です。また、返済が難しくなって、借り入れが残ってしまった根雪資金の解消策も、個々の事業ではなく全社ベースの企業としての対策で、これも、サステナブルファイナンス審査の決定要因といえま

す。さらには、事業再構築補助金における５つの類型（新分野展開・事業転換・業種転換・業態転換・事業再編）についても、個々の事業ではなく、持続可能な成長要因で企業全体の審査の要因になります。

　むしろ、投資家や引受業者また債券購入者が、資金投入の意思決定を判断する要因は企業の審査の要因であり、有価証券報告書は企業の情報開示資料ですから、金融機関がこれから行う「サステナブルファイナンス」の審査は、企業の総合的な要因によって決定することになります。そして、「地域や地域企業がさらされている国内外の環境・社会であるESG要素に着目し、地域企業の価値を発掘・支援すること」が、その企業に対する「サステナブルファイナンス」の本質ということになります。

　さらには、この企業価値から、地域の持続可能性を高め、「地域循環共生圏」という概念に広がることになります。

▶▶▶ 「知財・ESG地域金融の本質

- ■ 地域金融機関には、地域の核として、地域資源を活用し、インパクトを生み出す取組への資金の流れを太く強くするために、ESG地域金融の実践が強く求められている。
- ■ ESG地域金融とは、ESG要素（環境・社会・企業統治）を考慮した事業性評価と、それに基づく融資・本業支援等であり、ESG地域金融の本質は、これまでも地域や地域企業の課題解決に向けて地域金融機関が取り組んできた取組に内在しているものである。

地域の環境・社会的課題によって生じる企業のESGリスクや機会を考慮	■ 地域の持続的成長を促すには、**地域資源や地域課題（環境・社会）を把握**する事が必要。 ■ また、地域や地域企業がさらされている国内外の環境・社会（**ESG要素**）に起因するリスク・機会（**ESGリスクと機会**）を中長期的に見据えることも重要。
本質 ESG要素に着目し地域企業の価値を発掘・支援	□ この様な**中長期的な視点**を持ち**ESG要素**に着目して、地域資源と地域課題を活用・解決する事に取り組む企業の価値を**見いだす（発掘）**こと。 □ 企業の課題・価値や地域のニーズを踏まえた**事業性評価**を行い、**融資や本業支援を実践**することが地域金融機関に求められている。
「地域循環共生圏」の構築	⇒地域の持続可能性を高め「地域循環共生圏」の構築に貢献
トップの理解と積極的な関与	■ ESG地域金融は質的転換を含む全社的な経営課題。 ■ 経営方針へのESG要素の組み込みや組織文化の醸成はトップの役割。

2　サステナブルファイナンス審査は「時間ギャップ充当」審査から「資本構成ギャップ充当」審査に移る

　金融機関が扱うサステナブルファイナンス審査は、持続可能な未来に向けた融資の審査であり、仕入れ資金、賞与資金などの短期の「時間ギャップ充当」融資審査ではなく、長期にわたる企業価値や地域循環共生圏に欠かせない「資本構成ギャップ充当」融資の審査に変化していくと思われます。

　ほとんどの金融機関は、いわゆる、商業銀行からスタートしており、その融資審査も、短期の個々の事業のキャッシュフローを重視する「時間ギャップ充当」融資の審査を行なっていました。また、現在の行員の融資教育も「立替え資金融資」が中心ですし、長期融資に該当する、設備資金融資や長期運転資金融資であろうとも、将来の利益によって返済を目論む「収益償還融資」の範疇で、これも、「資本構成ギャップ充当」融資ではなく、「立替え資金融資」であり「時間ギャップ充当融資」の一部といえます。

　最近の事業性評価融資は、企業全体でいくら利益が上げられるか、また、企業を取り巻くステークホルダーと連携して自社の利益をいくら上げられるか、という「自社の長期的な利益」を想定する「収益償還融資」の範疇です。事業性評価融資で、長期的広範囲に企業を見ることでは、金融機関としては、大きな変化になっていますが、この事業性評価融資は、やはり、「時間ギャップ充当」融資の範疇であって、「自社の利益」を中心に置かないで、財務的なリターンよりもむしろ社会的・環境的インパクトを重視するような「インパクト投資」に近い、「資本構成ギャップ充当融資」の範疇には入っていません。「収益償還融資」の色彩が濃い場合は、やはり、「時間ギャップ充当融資」といえます。

　しかし、サステナブルファイナンスは、インパクト投資であり、企業全体を対象にする、資本構成ギャップ充当融資の範疇に入るものです。今後、金融機関としては、法的な面で出資者にはなれませんが、インパクト投資に近い「資本構成ギャップ充当融資」を、サステナブルファイ

ナンスとして扱わなければならないことになります。サステナブルファイナンスこそ、金融機関のこれからの融資の大きな「柱」になることが期待されています。

3 ESG地域金融(サステナブルファイナンス)の審査手法

すでに、ESG 地域金融（サステナブルファイナンス）の概要については述べましたが、ここでは、金融機関のアクションプランである、その審査手法・稟議手法について考えていきます。

まず、ESG 地域金融（サステナブルファイナンス）は、融資対象企業ばかりではなく、地域金融機関の自行庫を含めた「地域循環共生圏」を含んだ、「地域経済エコシステム」を重視して、審査を行うことになります。

次に、融資対象の企業は「企業・事業価値の向上」「持続可能なバリューチェーン構築への寄与」「地域の環境・社会・経済へのポジティブインパクトの創出」に貢献するか否かの審査を、長期的で広範囲の視点で行います。

なお、地域経済エコシステムでは、自治体、地域産業と地域金融機関などが役割を果たし、相互補完関係を保ち、地域外とも密接な関係を持って、多面的に連携・共創を図ります。 地域金融機関としては、地域企業と対話を行い、自治体とも密に連携し、地域資源の活用促進に努めることになります。すなわち、この地域経済エコシステム・地域循環共生圏を深く考える時には、SDGs の 17 目標で分析・評価する必要があるということです。

▶▶▶ 地域循環共生圏の創出に向けた地域経済エコシステムの構築

- また、経営者は地域経済エコシステムの意義を理解し、その構築に向けて自らの組織を関与させるように努めることが求められる。地域経済エコシステムでは、地域の様々な主体が役割を果たし相互補完関係を構築するとともに、地域外とも密接な関係を持ちながら、多面的に連携・共創することが必要となる。
- 地域金融機関は、互いに規模や属性等を踏まえ連携しながら、地域資源の活用や顧客のニーズを引き出すために地域産業・企業と対話を行うとともに、自治体とも密に連携し、都道府県等とは地域の成長戦略や産業政策の策定支援、基礎自治体とは具体的な地域資源の活用促進に向けた取組を進めることが考えられる。

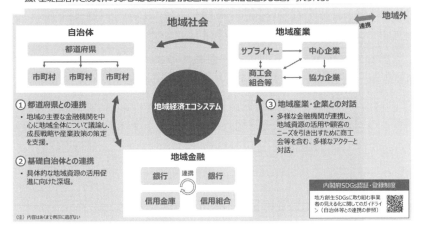

▶▶▶ ESG地域金融実践における基本的な考え方

- ESG地域金融は、持続可能な地域の実現（地域経済エコシステム/地域循環共生圏の構築）を目指して実践されるものである。そのため、ESG地域金融の実践にあたっては、地域金融機関の取組（取引先への支援など）が与える影響を考慮し、可能な限りその影響が全体としてポジティブなものとなるように考慮する必要がある。
- 具体的には、取引先に対する影響だけでなく、取引先のバリューチェーンへの影響、地域の環境・社会・経済への影響を考慮することが求められる。

※影響を想定する範囲は、地域金融機関の役割を踏まえて定めることが望ましい。

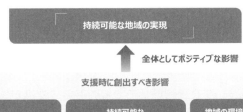

企業／事業価値の向上	持続可能なバリューチェーン構築への寄与	地域の環境・社会・経済へのポジティブインパクトの創出
中長期的なリスク、機会を踏まえた取組を促進させ、取引先の中長期的なキャッシュフローへの影響の改善、企業／事業価値を向上させる	取引先の取組の変化によりサプライヤーや納品先等に対して好影響を与え、バリューチェーンの持続可能性を向上させる	取引先やバリューチェーンにおける取組の変化により環境・社会・経済に与えるネガティブなインパクトを抑制し、ポジティブなインパクトを増大させる

4 SDGsの外部環境分析チェックリスト

　企業経営を考え、実践する時は、経営理念を固めてから、外部環境分析と内部環境分析を行ない、次に戦略を策定し、経営計画を策定し、モニタリングを行うことが王道といえます。ただし、最近では、SDGs の17 目標を外部環境分析として強く意識するようになりました。この外部環境を、経営理念を固める前にも、また、戦略策定時にも真正面から分析するようになっていますが、実際は、SDGs の17 目標を俯瞰したり、1つ1つ丁寧に見ていくことになっています。外部環境要因の分析はSDGs の17 目標の検討に、ほとんど重なることになっています。

1) 外部環境要因としてのSDGsの17目標

　経営理念を作成する時は、SDGs の17 目標を俯瞰的に見通して、それぞれの目標について考慮しながら、普段自社が想定しているステークホルダーの領域よりも広い範囲の「地域循環共生圏」を検討し、「地域経済エコシステム」も見渡します。戦略検討時には、SDGs の各目標に対して、具体的な事例をイメージし、数的な指標なども勘案して、戦略と計画、行動、そのフォローを熟慮します。そして、SDGs の17 目標の範囲も、地域金融機関が ESG 地域金融・サステナブルファイナンスを扱うようになっていることから、外部環境分析もより広くなり、地方や県が対象になっています。

　同時に、SDGs の17 目標は経営そのものという意識が定着し、かつてのように、経営外の1つの貢献対象として扱うことがじょじょになくなり、持続可能な企業経営の大きな目的にまでなってきています。

▶▶▶ **図表　SDGsが経営外の単なる貢献活動の一種と考える場合**

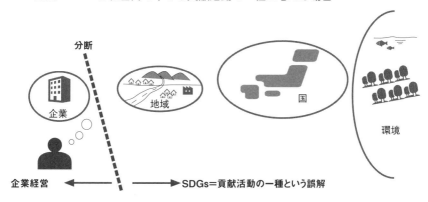

（出典）中村中 他/編『これからの経営改善計画・リスケジュール指導に強くなるコース』（杉山義明作図、ビジネス教育出版社）

▶▶▶ **図表　SDGsは持続可能な企業経営の目的と捉える場合**

（出典）中村中 他/編『これからの経営改善計画・リスケジュール指導に強くなるコース』（杉山義明作図、ビジネス教育出版社）

　企業経営は、地域活動であって、時には、国・環境・グローバルな活動であるとして、ビジネス自体に、落とし込むことがだんだん一般化しています。SDGs も企業経営に取り込むことになっています。そこで、「持続可能な開発目標」といわれている SDGs は、自社が取り組んでいる商品・サービスのサプライチェーンと一体化して考えると、さらに、わかりやすいものとなります。自社が、企業活動で使い続けている資源

に注目した場合、その資源はどこから来ているのか、その産出地や生産国の規制は変わっていないか、搬送のルールは厳しくなっていないか、その資源に関して人権問題はないか、など、を冷静に考えると、自社の経営の問題として、SDGsを身近に取り組むことができます。

　例えば、食料にする魚が生育している池の環境を汚染したり破壊するような材料を知らず知らずに使用しているかもしれません。その時は、どのような生産方法で自社の材料が調達できているか、今一度考えるべきでしょう。このような1つ1つの確認を積み重ねながら、SDGsに沿った戦略や事業計画を立案し、そのフォロー内容も詰めておく必要があります。

　資源（材料など）の希少化により、コストが増加している場合は、これらのコストリスクばかりを考えて、資源の裏側にあるSDGs的な問題を軽視していると、もっと大きな経営リスクを被るかもしれません。資源調達の分散化やその資源を使わない方法を考えて、別の持続可能な手段を採用することが、効果的な経営戦略といえます。また、この資源は物質的なものにとどまらず、人的資源や情報資源などということもあります。

　このようなストーリーで考えて、資源を持続可能なものに切り替えることは、中小企業も上場企業も、また、株主・経営者・ステークホルダーも、同様に、大切なことであり、SDGsに関わる投資は今後一層重要になります。

2) 外部環境分析としてのSDGsとチェックリスト

　とはいっても、多くの経営者にとって、経営とSDGsが表裏一体であるということは、いまだになかなか腹に落ちないかもしれません。SDGsの目標や細目である「ターゲット」「インディケーター」の多くのケースを一読しても、日本の横並び意識や同調行動が強いせいか、中小企業の経営者は、まだまだ、自分のこととして受け入れられていないかもしれません。ただし、このことは、中小企業経営者の情報不足ともいえるか

もしれません。

　例えば、SDGsの17の目標（ゴール）のうち、「目標1」の貧困については、経済格差が広がりつつあるといわれるものの、各中小企業がどんな手段を講じるべきかは難しい課題のようです。「目標2」の飢餓では、日本国内での飢餓問題は、むしろ貧困問題などの経済的な問題に起因しているようです。このように、1つの中小企業が経営の一部として取り組む場合に、あまり直接的なイメージがつかめないため、地域、環境、経済の課題に取り組みたくても、何をして良いのか、自社として具体的に方策を立てられないのが、実情かもしれません。これが、SDGsを現実的・実質的に目指していく障壁になっているのではないでしょうか。

　もしも「目標1の貧困」が地域の「子ども食堂」への支援であり、「目標2の飢餓」が「少子高齢化の下の農業生産性の引上げ貢献」であるという情報があったならば、そのイメージが具体化して、身近なことに考えられるようになるものと思われます。

　そこで、SDGsを日本の中小企業経営者やその金融機関の担当者が取り組みやすくするために、以下の「SDGs17目標のチェックリスト」を作成しました。SDGsの17目標を俯瞰することも、また、「ターゲット」「インディケーター」を参考にして深掘りすることの切っ掛けにもなると思いました。

　そのために、このSDGs17目標のチェックリストにおいて、特に、『自社のステークホルダーを持続可能な経営対象と捉える見方』の欄を設けて、それぞれの目標に関して、身近で具体的な説明を加えることにしました。これらの各目標に関するデータ源は、チェックリストの「加点・補足」の欄に追加情報として載せましたから、検索することもできます。このことは、取引先企業に対する外部環境分析のチェックリストにもなると思いました。

　ちなみに、外部環境分析は、このSDGsの目標で、ほぼ網羅されていると思われます。

SDGs17目標のチェックリスト

目標	目標内容の説明	自社のステークホルダーを持続可能な経営対象と捉える見方	良好	検討	不良	加点根拠・補足
1. 貧困をなくそう	あらゆる場所で、あらゆる形態の貧困に終止符を打つ。	・子ども食堂への種々の支援を行う。 ・母子世帯の就職斡旋を行う。など				（例）厚生労働省「国民生活基礎調査」OECDの所得定義の新基準である相対的貧困率、子どもの貧困率をフォローしている。
2. 飢餓をゼロに	飢餓に終止符を打ち、食料の安定確保と栄養状態の改善を達成するとともに、持続可能な農業を推進する。	・農業就業人口当たりの農業生産額の引き上げに貢献する。 ・農業就業人口当たりの耕地面積を増加させる。など				（例）農業就業人口当たりの農業産出額（農業産出額／農業就業人口）を常にフォローしている。
3. すべての人に健康と福祉を	あらゆる年齢のすべての人々の健康的な生活を確保し、福祉を推進する。	・感染症対応設備設置への協力を行う。 ・感染症検査体制の設備や人材増加に貢献する。 ・交通事故死亡率低下に貢献する。など				（例）地元医療機関への提案型コンサル営業を実施中
4. 質の高い教育をみんなに	すべての人々に包摂的かつ公平で質の高い教育を提供し、生涯学習の機会を促進する。	・ICTスキルを有する若者や成人の割合（スキルのタイプ別）を増加させる。 ・設備等が利用可能な学校の割合を増やす。など				（例）総務省「情報通信白書」などで、生徒1人当たりのコンピューター数をフォローしている。
5. ジェンダー平等を実現しよう	ジェンダーの平等を達成し、すべての女性と女児のエンパワーメントを図る。	・管理職に占める女性の割合の増加 ・農業所有者または権利者における女性の割合（所有条件別）の増加				（例）内閣府男女共同参画局「第5次男女共同参画基本計画策定にあたっての基本的な考え方」などで、指導的地位に占める女性の割合を通過点として早期に30％程度を目指す。
6. 安全な水とトイレを世界中に	すべての人に水と衛生へのアクセスと持続可能な管理を確保する。	・安全に管理された飲料水サービスを利用する人口の割合 ・安全に処理された廃水の割合				（例）給水普及率（給水人口／総人口）をフォローしている。

目標	目標内容の説明	自社のステークホルダーを持続可能な経営対象と捉える見方	良好	検討	不良	加点根拠・補足
7. エネルギーをみんなに そしてクリーンに	すべての人々に手ごろで信頼でき、持続可能かつ近代的なエネルギーへのアクセスを確保する。	・クリーンな燃料や技術に依存している人口比率を上げる ・最終エネルギー消費量に占める再生可能エネルギー比率のアップ				(例)新エネルギー発電割合(新エネルギー発電量／すべてのエネルギー発電量)をフォローしている。
8. 働きがいも経済成長も	すべての人のための持続的、包摂的かつ持続可能な経済成長、生産的な完全雇用およびディーセント・ワーク(働きがいのある人間らしい仕事)を推進する。	・女性及び男性労働者の平均時給(職業、年齢、障害者別)の引き上げ、 ・就労、就学、及び職業訓練のいずれも行っていない15〜24の若者の割合を引き下げる。 ・テレワークの推進				(例)厚生労働省「賃金構造基本統計調査」で労働者の平均時給(所定内給与額／所定内実労働時間)をフォローしている。
9. 産業と技術革新の基盤をつくろう	強靭なインフラを整備し、包摂的で持続可能な産業化を推進するとともに、技術革新の拡大を図る。	・一人当たり並びにGDPに占める製造業の付加価値の割合を増やす。 ・モバイルネットワークにアクセス可能な人口の割合(技術別)を増やす。				(例)総務省「情報通信白書」で、インターネット普及率などをフォローしている。
10. 人や国の不平等をなくそう	国内および国家間の格差を是正する。	・中位所得の半分未満で生活する人口の割合(年齢、性別、障害者別) ・GDPの労働分配率(賃金と社会保障給付)				(例)経済産業省「企業活動基本調査」の労働生産性(付加価値額／従業員数)をフォローしている。
11. 住み続けられるまちづくりを	都市と人間の居住地を包摂的、安全、強靭かつ持続可能にする。	・人口増加率と土地利用率の比率 ・都市で生成される廃棄物について、都市部で定期的に回収し適切に最終処理されている固形廃棄物の割合				(例)環境省「廃棄物処理技術情報」の廃棄物の最終処分割合(最終処分量／ごみの総排出量)をフォローしている。
12. つくる責任 つかう責任	持続可能な消費と生産のパターンを確保する	・グローバル食品ロス指数(GFLI) ・各国の再生利用率、リサイクルされた物質のトン数				(例)環境省「廃棄物処理技術情報」で、ごみのリサイクル率をフォローする。

目標	目標内容の説明	自社のステークホルダーを持続可能な経営対象と捉える見方	良好	検討	不良	加点根拠・補足
13. 気候変動に具体的な対策を	気候変動とその影響に立ち向かうため、緊急対策を取る	・10万人当たりの災害による死者数、行方不明者・公民館における環境保全活動の実施数（環境保全活動の実施数／公民館数）、直接的負傷者数				
14. 海の豊かさを守ろう	海洋と海洋資源を持続可能な開発に向けて保全し、持続可能な形で利用する	・漁獲量及び養殖収穫量増減率 ・生物学的に持続可能なレベルの水産資源の割合 ・漁獲量及び養殖収穫量増減率（（（漁獲量＋養殖収穫量）－（前年度漁獲量＋前年度養殖収穫量））／総人口）				
15. 陸の豊かさも守ろう	陸上生態系の保護、回復および持続可能な利用の推進、森林の持続可能な管理、砂漠化への対処、土地劣化の阻止および逆転、ならびに生物多様性損失の阻止を図る	・土地全体に対する森林の割合 ・土地全体のうち劣化した土地の割合 ・自然生息地の劣化を抑制し、生物多様性の損失を阻止し、絶滅危惧種を保護し、また絶滅防止するための緊急かつ意味のある対策を講じる。				
16. 平和と公正をすべての人に	持続可能な開発に向けて平和で包摂的な社会を推進し、すべての人に司法へのアクセスを提供するとともに、あらゆるレベルにおいて効果的で責任ある包摂的な制度を構築する	・内外の違法な資金フローの合計額(USドル) ・意思決定が包括的かつ反映されるものであると考えている人の割合(性別、年齢、障害者、人口グループ別)				
17. パートナーシップで目標を達成しよう	持続可能な開発に向けて実施手段を強化し、グローバル・パートナーシップを活性化する	・100人当たりの固定インターネットブロードバンド契約数（回線速度別）・インターネットを使用している個人の割合				(例)総務省「情報通信白書」の「世帯当たりのインターネットブロードバンド契約率」のフォローを行う。
		小計				

　中小企業経営者としては、普段、気に掛かっている自社やその事業を思い浮かべながら、上記の「SDGsの17目標のチェックリスト」を、見直してみることをおすすめします。その際に、「良好・検討・不良」の欄にチェックを入れて、末尾の小計欄で、「良好」のチェック件数の増加状況をフォローしてください。SDGs概念の浸透のバロメーターになり、経営の高度化・サステナブル経営に対する反省にもなります。この作業によって、SDGsのプリンシプル（原則）も習得できることになると思われます。

出典:『中小企業の生産性革命』139頁引用

5　ESG地域金融（サステナブルファイナンス）の対象企業へのDX推進指標によるチェック

1）取引先企業のデジタルデータ化の実態把握

　デジタル機器・デジタルサービス・データの導入によって企業変革を生み出すことを形式的な「DX」といいますが、真の「DX」は企業にガバナンスを浸透している状況になることです。そこで、日本では、真の「DX」となった状況を想定して、経済産業省では、「DX」の定義を以下のように定めています。

経産省によるDXの定義

　「企業がビジネス環境の激しい変化に対応し、データとデジタル技術を活用して、顧客や社会のニーズを基に、製品やサービス、ビジネスモデルを変革するとともに、業務そのものや、組織、プロセス、企業文化・風土を変革し、競争上の優位性を確立すること」

（出典）経済産業省『「DX推進指標」とそのガイダンス（令和元年7月）』
（https://www.meti.go.jp/press/2019/07/20190731003/20190731003-1.pdf）

　下図では、DXを取り巻くキーワードを簡易的に解釈し、段階的にDXを目指した改革を行うためのイメージを説明しています。DXは、「①デ

ータとデジタル技術を活用」すると同時に、その後においていくつかの
プロセスがあるということです。

▶▶▶ **経済産業省のDXの定義イメージ**

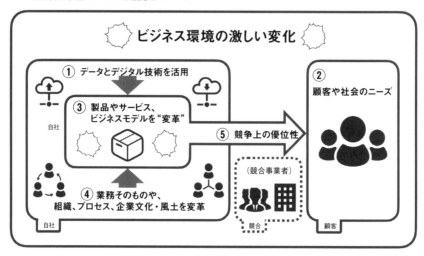

（出典）アアル株式会社（https://aalinc.jp/DX-digITal-transformation_2-3/）

　すなわち、DX とは「ビジネス環境の激しい変化」の中で、「①データ
とデジタル技術を活用」し、「②顧客や社会のニーズ」に対し、「③製品
やサービス、ビジネスモデルを変革」することで、「④業務そのものや、
組織、プロセス、企業文化・風土を変革」し、（競合事業者と比較した）
「⑤競争上の優位性」構築すること、になっています。この①〜⑤は、
デジタルデータ化を取入れた企業の経営環境を表わしていますが、この
プロセスこそ、現在の内部統制そのものといえます。この定義のうち、
「②顧客や社会のニーズ」と「⑤競争上の優位性」は、内部統制ではな
いように思いますが、外部とのデータ交換が進んだ DX の環境下では、
内部統制の１つの要因とも解釈できます。
　一方、自行庫と取引のある中小企業については、いまだに、デジタル
データ化が進んでいないと、多くの取引先担当者は思われていますが、
実際は、パソコンや社内のネットワークはかなり完備しているようです。
高齢の経営者自身が、そのデジタルデータ化の実態を理解しないままに、

金融機関の取引先担当者に話しているのかもしれません。

　その企業の若手社員に、以下のパソコンに関する、データ処理と業務プロセスをヒアリングしてみると、かなりデジタルデータ化が進んでいるかもしれません。以下の「使用場面別のデータ分類マトリクス」や「ビジネスで用いられる汎用性の高いITツール」を示しながら、ヒアリングすることをおすすめします。

　金融機関の取引先担当者としては、その企業のデジタルデータ化の実態把握ができるものと思われます。

▶▶▶ 使用場面別のデータ分類マトリクス

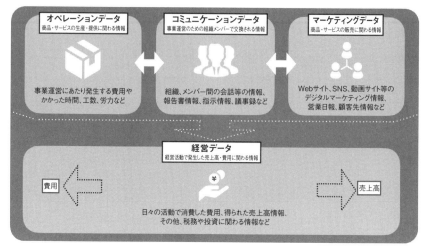

（出典）アアル株式会社（https://aalinc.jp）

▶▶▶ ビジネスで用いられる汎用性の高いITツール

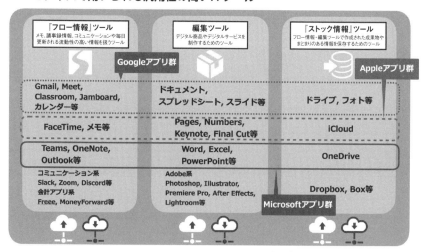

（出典）アアル株式会社（https://aalinc.jp）

　ESG地域金融（サステナブルファイナンス）を志向する企業にとって
は、情報収集や活用のデジタルデータインフラが整っていることで、内
部統制の確立やSDGsなどの環境問題の対応が欠かせません。金融機関

担当者としては、取引先企業のデジタルデータ化の実態把握は必須事項になります。

2) ESG地域金融(サステナブルファイナンス)対象企業への DX推進指標によるチェック

ESG 地域金融（サステナブルファイナンス）を志向する企業は、経済産業省の「デジタルガバナンス・コード 2.0」（2020 年 11 月 9 日策定、2022 年 9 月 13 日改訂）の「DX と SX/GX の関係性」(p.2) によれば、以下のように述べられています。

「『サステナビリティ・トランスフォーメーション（SX)』は、企業の稼ぐ力の持続的向上に向けた「長期の時間軸」を前提にした経営、社会のサステナビリティと企業のサステナビリティ の時間軸を同期化し、社会課題を企業経営に時間軸を踏まえて取り込んでいく取組」であると述べています。そして、「近年その重要性が指摘されている SX を効果的かつ迅速に推進していくために、DX と一体的に取り組んでいく」とも述べられています。

そこで、経済産業省の DX 関連のニュースリリース『デジタル経営改革のための評価指標（「DX 推進指標」）を取りまとめました』(2019 年 7 月 31 日)で、『2,DX 推進指標の内容…「DX 推進指標」は、各企業が簡易な自己診断を行うことを可能とするものであり、各項目について、経営幹部、事業部門、DX 部門、IT 部門などが議論をしながら回答することを想定しています。』と述べ、その内容は、「DX 推進のための経営のあり方、仕組み」と「DX を実現する上で基盤となる IT システムの構築」の 2 つの柱に分け、それぞれ、「DX 推進の枠組み」「DX 推進の取組状況」、と「IT システム構築の枠組み」「IT システム構築の取組状況」の 2 つのジャンルに分けています。この分類の中に小項目が記載されています。この体系の下、小項目への分類で、指標の位置づけが明確になります。

2019年7月31日

1. DX 推進のための経営のあり方、仕組みに関する指標
   （「DX 推進の枠組み」（定性指標）、「DX 推進の取組状況」（定量指標））
2. DX を実現する上で基盤となる IT システムの構築に関する指標
   （「IT システム構築の枠組み」（定性指標）、「IT システム構築の取組状況」（定量指標））

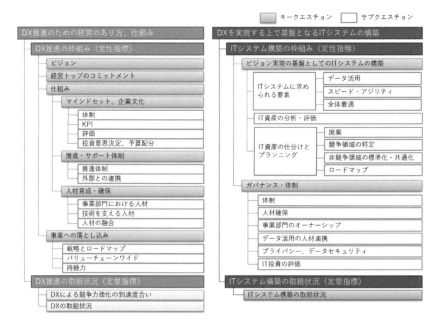

3）DX推進における取締役会の実効性評価

　DX を推進していく上では、経営者と事業部門、DX 部門、IT 部門などのそれぞれの実務担当者が、日常業務から離れて、デジタル機器やネットワーク業務またデータ処理業務に注力することが多くなっています。これらのデジタル等の個別業務が、全社ベースで、いかなる働きになり、他の業務とどんな連携があるか、などが実務担当者として見えなくなることは多々あります。その時に、現業を持たず長期的でワイドの視野を

持つ取締役や取締役会の意見が有効になることがあります。取締役や取締役会または監査役などが、DX やデジタルデータ化を客観的にまた冷静に見ることができ、その提案を行うことが期待されています。DX の推進に関して実効性評価の役割を取締役などが、講じることになれば、それが企業にとっても地域社会にとっても貴重な意見になります。

　在任期間の長い経営者は、トップのポストについてから社内の各部署で自発的にデジタル化が進んで行き、一般的には、経営者として企業全体に対するデジタル化の情報・スキルは高くないようです。このデジタルの分野については、若手を含めた社内メンバーとの合議によるレベルアップや、専門家の指導が求められます。あらゆる企業がデジタル化への対応を求められる中で、デジタル分野の執行を担う IT システム関係者の取組だけでは、大きな効果が生じず、経営の監督を担うべき取締役ないしは取締役会が果たすべき役割は大きいことになります。一方、最近、注目されている中小企業の取締役会としても、その活性化のために、取締役会の「DX 推進における取締役会の実効性評価項目」の策定が求められています。そのためにも、以下のような問い合せや提案によって、取締役会が実践することが有効になります。

「DX 推進における取締役会の実効性評価項目」について

A) 取締役の選任
《取締役の選任》
1. 当社の取締役会は、データとデジタル技術を活用したビジネスモデルの変革に関する十分な知見や問題意識を有する取締役を（少なくとも 1 名）選任しているか。

B) ビジョン
《ビジョンの共有》
2. 当社の取締役会では、データとデジタル技術を使って、変化に迅速に対応しつつ、顧客視点でどのような価値を創出するのかといったビジョンについて、十分な議論が尽くされ明確な合意が形成されているか。

《危機感とビジョン実現の必要性の共有》

3. 当社の取締役会では、将来における IT 技術の発展に伴う非連続的イノベーション（ディスラプション）がもたらす経営環境の変化と、当社の事業への影響について、十分な議論が尽くされ明確な合意が形成されているか。

C) 経営トップのコミットメント

《経営トップのコミットメント》

4. 当社の取締役会は、ビジョンの実現に向けた経営陣の取組（ビジネスモデルや業務プロセス、企業文化を変革するために必要となる組織整備、人材・予算の配分、プロジェクト管理や人事評価の見直しなど）を適切に監督しているか。

D) 仕組み

《DX に求められるマインドセット、企業文化》

5. 当社の取締役会は、挑戦を促し失敗から学ぶプロセスをスピーディーに実行し、継続できる仕組み（体制、KPI、プロジェクト評価、人事評価など）が構築されているかどうか適切に監督しているか。

《投資意思決定、予算配分》

6. 当社の取締役会は、データやデジタル技術の活用への取組を推進するための投資について、以下を総合的に勘案して判断しているか。

　① コストのみでなくビジネスに与えるプラスのインパクトを勘案しているか

　② 他方、定量的なリターンやその確度を求めすぎて挑戦を阻害していないか

　③ 投資をせず、DX が実現できないことにより、デジタル化するマーケットから排除されるリスクを勘案しているか

《推進・サポート体制》

7. 当社の取締役会は、DX 推進がミッションとなっている部署や人員と、その役割が明確になっているか、また、必要な権限は与えられているかどうか適切に監督しているか（DX 推進のために新規部署を設立するのか、既存部署がその役割を担うのかは問わず、該当部署に人員が適切に配置されているか、部署・人員の役割が明確になっているか、必要な権限が与えられているかを確認。また、経営・事業部門・IT 部門の連携の確保、外部との連携の推進という観点も含む）。

《人材育成・確保》

8. 当社の取締役会は、DX 推進に必要な人材の育成・確保に向けた取組が行われているかどうか適切に監督しているか。

E) 事業への落とし込み

《戦略とロードマップ》

9. 当社の取締役会では、DX を通じた価値創出に向け、ビジネスモデルや業務プロセス、働き方などをどのように変革するか、戦略とロードマップについて、十分な議論が尽くされ明確な合意が形成されているか（すぐに成果が出ないことや既存業務の売上を奪うリスクなどをどう克服するかを含む）。

F) ビジョン実現の基盤としての IT システムの構築

《IT システムに求められる要素》

10. 当社の取締役会は、以下のような DX の推進に求められる要素を実現できる IT システムとなっているかどうか適切に監督しているか。
   ① データをリアルタイム等使いたい形で使えるか
   ② 環境変化に対応し、迅速に新規サービスを提供できるか
   ③ 部門を超えてデータを活用できるなど、全社最適を踏まえたものとなっているか

《IT システムの技術的負債》

11. 当社の取締役会は、既存の IT システムが技術的負債[※]になってしまっていないかどうか適切に監督しているか（あるいは客観的な評価を行っているか）。

   ※ 既存のITシステムが老朽化、複雑化、ブラックボックス化して、維持、保守コストが高騰した状態

《IT 資産の仕分けとロードマップ》

12. 当社の取締役会では、以下のような IT 資産の仕分けに基づく IT システムの刷新に向けたロードマップについて、十分な議論が尽くされ明確な合意が形成されているか。
   ① 価値創出への貢献の少ないものの廃棄
   ② 他社と差別化する必要がない領域（非競争領域）について、カスタマイズをやめて 標準化したシステムに業務を合わせるなどの標準化・共通化
   ③ 他社と差別化すべき領域（競争領域）について、変化に迅速に対応できるシステム 環境の構築

G) ITシステム構築におけるガバナンス・体制

《ガバナンス・体制》

13 当社の取締役会は、DX の推進に向けて、新規に投資すべきもの、削減すべきものなどについて、全社最適の視点から、部門を超えて横断的に判断・決定できる体制を整え、価値の創出につながる領域へ資金・人材を重点配分できているかどうか適切に監督しているか。

（視点：顧客視点となっているか、サイロ化していないかなど）

《IT投資の評価》

14 当社の取締役会は、IT 投資について、ITシステムができたかどうかではなく、ビジネスがうまくいったかどうかで評価する仕組みとなっているかどうか適切に監督しているか。

H) 経営陣の評価

《経営陣の評価》

15 当社の取締役会（または指名・報酬委員会）は、経営陣の評価や役員報酬の決定、経営陣の指名にあたり、DXへの取組を重要な評価項目として考慮しているか。

I) ステークホルダーへの情報開示

《ステークホルダーへの情報開示》

16 当社の取締役会は、DXへの取組について、株主等のステークホルダーへの情報開示のあり方についての議論を行っているか。

6 ESG地域金融（サステナブルファイナンス）の アプローチ審査

1）ESG地域金融（サステナブルファイナンス）は「地域資源の活用」 「主要産業の持続可能性」「個別企業の事業性評価」の３つのアプローチ

　金融機関にとっての ESG 地域金融（サステナブルファイナンス）は、企業に対する ESG 要素を考慮した事業性評価融資であり、地域の企業の価値への融資で、「地域循環共生圏」「地域経済エコシステム」への持続可能性を評価する融資です。

　また、SDGs・DX（デジタルトランスフォーメーション）・SX（サステナビリティ・トランスフォーメーション）・GX（グリーントランスフォーメーション）を持続する企業に対する融資ともいえます。このように、今までの金融機関の融資に比べて、融資基準は高目ですが、必ずしも、難解な融資ではありません。

　ESG地域金融（サステナブルファイナンス）は、「地域循環共生圏」「地域経済エコシステム」への融資ですが、融資の資金提供者の金融機関は、「地域循環共生圏」「地域経済エコシステム」における地域連携のメンバーの一員ですから、相乗効果が期待できます。

　ただし、このESG地域金融（サステナブルファイナンス）については、以下の通り、３つのアプローチが必要になっています。そのキーワードは、地域資源の活用、主要産業の持続可能性、個別企業の事業性評価の３点ですが、いずれの１つのアプローチでもこの審査を認めることはできます。

　この３点のアプローチやそれぞれのアプローチについては、以下に説明しています。

▶▶▶ ESG地域金融における 3 つのアプローチの概要

- 本ガイドでは、持続可能な地域の実現に向けた、ESG地域金融の実践アプローチを3つに分類している。
- 1つ目が、地域を俯瞰し、地域の長期目標や成長戦略等の実現に向けた地域資源の活用を検討・実践するアプローチ。2つ目が地域経済や自らのポートフォリオにおいて重要となる産業を対象に、その持続可能性の向上に向けた対応策の検討および実践を支援するためのアプローチ。そして3つ目が個別企業・事業を対象にその価値向上に向けた事業性評価、それに基づく融資・本業支援を実践するアプローチである。

アプローチ	取組概要
1 地域資源の特定および課題解決策の検討・支援（地域資源・課題を対象にした取組）	✓ 地域資源を見極め、顕在化あるいは予見される地域課題の解決に向けたビジネスの創出 ✓ 地域の長期戦略等を踏まえ、地域資源を活用した課題解決につながる事業等をステークホルダーと連携して検討 ✓ 検討結果の実現に向けた支援を実施
2 主要産業の持続可能性向上に関する検討・支援（主要産業を対象にした取組）	✓ 地域の主要な産業やポートフォリオの多くを占める産業など、地域金融機関にとって重要な産業が抱える中長期的な動向（リスク・機会になりうる項目など）を整理 ✓ 特定した課題に対して、対象産業の方向性を踏まえ、金融機関として持続可能な取組を促進するための支援策を検討・実施
3 企業価値の向上に向けた支援（個別企業を対象にした取組）	✓ 取引先企業を対象に、ESG要素を考慮した事業性評価を実施し、リスク・機会を把握 ✓ 事業性評価を踏まえ、企業価値の向上に向けた本業支援を実施

上記の３通りのアプローチに共通する重要事項は４つあって、その概要は、①②③であり、④はそれぞれのアプローチに対して中長期的な動向と整合した支援策を述べています。

①「地域資源の活用」は、地域資源を多面的な視点から捉え、その価値を理解することで地域資源を持続的に活用することが可能となります。

② 地域産業や企業の持続可能性向上に資する取組の変化を、バリューチェーン（商流）全体の持続可能性の向上につなげることが可能になります。

③ 取引先企業の事業活動が環境・社会・経済に与える変化（インパクト）を把握するとともに、ポジティブインパクトを最大化し、ネガティブインパクトを緩和することを目指した支援策の検討が求められます。

④ 前記の３つの事項を実践するために、地域資源や地域産業、企業を取り巻く外部環境の変化とその影響を踏まえ、それらの中長期的な動向と整合した支援策とすべきです。

これらを図にて詳しく説明すると、以下の①〜④になります。

▶▶▶ ①地域資源の持続可能な活用に向けた価値の理解

- ESG地域金融の3つのアプローチに共通する重要な事項が4つある。1つ目が地域資源の把握とその価値の理解である。地域には、その土地固有の資源があり、その資源からさまざまなサービスを受けている。一方で、その価値が適切に理解されず、埋もれている資源や劣化している資源が存在する。
- 地域資源を多面的な視点から捉え、その価値を理解することで、地域の長期目標の実現や成長戦略の実行、地域産業の持続的な成長や企業の価値向上に向けて、地域資源を持続的に活用することが可能となる。

地域資源の把握（例）

地理的特性	温暖な気候	降雨量	日射量
人的・文化的資源	研究者	史跡	産業構造
地理・地形	海	里山	湿地帯

地形や地理的特性等の**自然資源**をはじめ、**産業構造などの人的・文化的資源等**、地域内に存在する資源を幅広く**把握**する

地域資源の理解（例）
※詳細はアプローチ1のp. 50参照

湿地帯

供給機能・サービス
食や原材料を供給する機能など

調整機能・サービス
保水により洪水を防止する防災機能など

文化的機能・サービス
地域の連帯感の醸成、観光資源としての機能など

把握した地域資源について、その機能を様々な側面から分析・**理解**することが、**活用方法の検討**につながる

▶▶▶ ②バリューチェーンと対象産業/企業の位置づけ把握

- 2つ目がバリューチェーン（商流）と対象産業/企業の位置づけの把握である。従来から事業性評価においては、商流を把握することが重要視されていたが、ESG地域金融においてはさらに重要性が高まる。
- 特に、最終製品の製造段階や消費段階以降も対象に含めることが重要である。これらの段階における変化（消費者行動の変化、ビジネスモデルの転換等）を考慮し、支援を行うことで、地域産業や企業の持続可能性向上に資する取組の変化をバリューチェーン全体の持続可能性の向上につなげることが可能となる。
- なお、バリューチェーンには地域内で完結こともあれば、地域の外とつながりを持つこともある。そのため、地域経済エコシステム（p.25）の観点も踏まえた検討、支援の実施が必要となる。

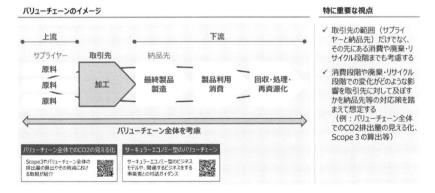

バリューチェーンのイメージ

上流　　　下流

サプライヤー　取引先　　　納品先

原料　原料　原料　→　加工　→　最終製品製造　製品利用消費　回収・処理・再資源化

バリューチェーン全体を考慮

バリューチェーン全体でのCO2の見える化
Scope3やバリューチェーン全体の排出量の算出等での作成における取組が紹介

サーキュラーエコノミー型のバリューチェーン
サーキュラーエコノミー型のビジネスモデルや、関連するビジネスをする事業者との対話ガイダンス

特に重要な視点
- ✓ 取引先の範囲（サプライヤーと納品先）だけでなく、その先にある消費や廃棄・リサイクル段階までも考慮する
- ✓ 消費段階や廃棄・リサイクル段階での変化がどのような影響を取引先に対して及ぼすかを納品先等の対応策を踏まえて想定する（例：バリューチェーン全体でのCO2排出量の見える化、Scope 3の算出等）

▶▶▶ ③地域の環境・社会・経済へのポジティブインパクトの創出

- 3つ目が地域の環境・社会・経済へのポジティブインパクトの創出を目指すことである。持続可能な地域の実現においては、経済面だけでなく、環境・社会の3つの側面での持続可能性の向上が必要となる。
- 地域金融機関が取引先企業の支援をする際には、取引先企業の事業活動が環境・社会・経済に与える変化（＝インパクト）を把握するとともに、**ポジティブインパクトを最大化し、ネガティブインパクトを緩和することを目指した支援策**の検討が求められる。

金融機関がインパクト創出に取り組む意義

- ✓ インパクトを考慮した中長期的な志向による、適切なリスク・リターンの追求
- ✓ ポジティブなインパクト創出への貢献による、社会的支持の獲得・競争力向上

- ✓ ポジティブなインパクトの最大化を目指した取組による地域社会のサステナビリティ向上
- ✓ 企業はポジティブなインパクト創出を目指した取組により、新規ビジネス機会の獲得や他社との差別化を実現し、持続的成長をもたらしうる

▶▶▶ ④環境変化の把握と影響の理解

- 最後が環境変化の把握とその影響の理解である。気候変動など国内外で共通の課題（コア課題）に関する環境変化は科学的知見の蓄積とともに、非常に早いスピードで生じている。
- 前頁までの3つの事項を実践するためには、地域資源や地域産業、企業を取り巻く外部環境の変化とその影響を踏まえることが必須であり、それらの**中長期的な動向と整合した支援策**とすべきである。

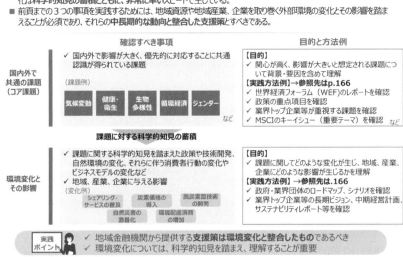

　上記の4つの重要事項を実践するためには、地域資源や地域産業、企

業を取り巻く外部環境の変化とその影響を踏まえ、それらの中長期的な動向と整合した支援策とするべきです。

　以上、3つのアプローチと4つの共通する重要事項については、そのポイントや注意点は理解できるものの、数値による定量要因とは違って誰もが具体的な共通認識を持つまでには至っていません。事業融資における信用格付やスコアリングシートによる評価には届かないことから、このサステナブルファイナンスに審査のプロセスになる稟議制度の指標には、現在においてはいまだに到達できないと思います。しかし、この審査の件数が増加することで稟議制度が構築される可能性は十分にあります。

2) ESG地域金融（サステナブルファイナンス）の金融機関本部と営業店の役割

地域金融機関の業務活動・取引先対応・組織改編など問題

　ESG地域金融として、3つのアプローチを実戦するに当たり、金融機関として、解決しなければならない課題があります。

①　本部と営業店が連携し、組織としての知見を蓄積するための仕組みの構築が不可欠である。・・・・

　　この課題の解決に対して、組織改革が必要な場合は、金融機関全体の経営にいかに影響するか、検討する必要があります。特に、人事面の問題では、転勤、人事考課、勤務形態、教育研修であり、業務推進面では、支店や個人の目標管理、支店長と本部の指揮命令、モニタリング機能、経費管理面では、本部・支店の予算・実績評価、支店管理部門の業務変化、などの課題があります。

②　地域経済エコシステムの構築に向け、自治体との連携や地域産業界との対話が支店の業務に組み込まれる・・・・

　　自治体は大きな組織であり、地域企業も担当が分かれている場合は、本部・支店の交渉窓口分けが必要になります。金融機関の交渉範囲が広がるため、地域の情報収集担当者の設置、また、メイン銀

行化、他行など地域の種々の機関との交渉、広報活動の活発化、などの新業務の準備も必要になります。支店のかつての担当分けでは、機能できないこともあります。

③　本部は現場のサポートを目的に、視点の整理や、シート、マニュアルの作成など標準化を実施・・・・

　本部としては、これらの作業を行うには、本部に支店の支援部署を設置したり、支店からの相談窓口を設ける必要があります。

④　営業店では、それらを活用することで全体的な動向を踏まえつつ、個別の対話・支援を実施。また、現場で得られた情報は、本部と共有し、組織内の知見をアップデートする。・・・・

　ESG地域金融の対象企業については、本部と支店のダブルチェックが入りますが、この関連する企業や個人の取引については、「顧客情報管理、個人情報の保護、利益相反行為への注意、独占禁止法行為への注意、非弁行為への注意など」の顧客交渉対応の注意点を徹底する必要があります。

▶▶▶ 金融機関内でアプローチを有機的に結合させるための仕組み化

- ESG地域金融の実践として3つのアプローチを有機的に結合させるためには、本部と営業店の連携し、組織としての知見を蓄積するための仕組みの構築が不可欠である。仕組みには、地域経済エコシステムの構築（p.25）に向け、自治体との連携や地域産業界との対話も組み込まれることが重要である。
- 具体的な役割としては、本部は現場のサポートを目的に、視点の整理や、シート、マニュアルの作成など標準化を実施。営業店では、それらを活用することで全体的な動向を踏まえつつ、個別の対話・支援を実施。また、現場で得られた情報は、本部と共有し、組織内の知見をアップデートをする。

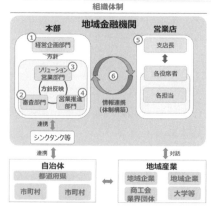

組織体制

本部　地域金融機関　**営業店**

① 経営企画部門
方針
③ ソリューション営業部門
(方針反映)
② 審査部門　④ 営業推進部門
⑥ 情報連携(体制構築)
⑤ 支店長／各役席者／各担当

連携
シンクタンク等

連携　対話

自治体
都道府県
市町村　市町村

地域産業
地域企業　地域企業
商工会業界団体　大学等

ポイント

① 経営戦略・方針の策定
- 地域資源を把握・理解し、活用に向けた戦略・方針の を策定。また、重点産業を把握し、分析を実施し、方針を策定（シンクタンク等との連携を含む）。

② 審査方針や審査時の視点に反映
- 経営方針に基づき、地域や産業分析結果を踏まえ審査方針や基準、審査時の視点等を策定。

③ 顧客への能動的な提案
- 経営方針に基づき、関連する取組を促進するための商品・サービスを用いて顧客にソリューションを提案。

④ 営業方針への反映や対話ツール等の標準化
- 経営方針に基づき、地域や産業分析結果を踏まえ、重点的に対話を行う企業の特定や営業方針を策定。また、対話ツール等を作成。

⑤ 個別企業・事業での実践
- 本部で定められた各種方針や作成されたツールを活用し、案件組成や支援を実施。また、営業地域の自治体との連携も適宜実施。

⑥ 本部と営業店での情報共有
- 本部からの方針や商品等の共有だけでなく、それを基にした現場での実践を通じて得た、地域産業・企業の動向や自治体のニーズに関する情報を本部と共有。

地域金融機関の新業務への注意点

① 経営戦略・方針の策定・地域資源を把握・理解し、活用に向けた戦略・方針の策定。また、重点産業を把握し、分析を実施し、方針を策定（シンクタンク等との連携を含む）。・・・

　　これらの課題は、金融機関全体のテーマであり、そのテーマの中に、 ESG 地域金融（サステナブルファイナンス）を組み込む必要があります。金融機関の経営資源の配分（役割分担）も、大きな課題になります。１年ごとの年度計画ばかりではなく、３～５年の長期計画との整合性も注意しなければなりません。

② 審査方針や審査時の視点等に反映・経営方針に基づき、地域や産業分析結果を踏まえ審査方針や基準、審査時の指標・稟議制度等を策定。・・・

　　ESG 地域金融（サステナブルファイナンス）の対象企業については、多くはメイン銀行となることから、自行庫のその企業における融資シェアのチェックが必要になります。また、自治体関連ですから大きな金額の融資となって、自行庫における業界別や地域別のポートフォリオの問題も生じます。また、金融機関全体の適用金利の変化も生じる可能性もありますので、融資金利政策とのバランスの注意も必要になります。審査方針や基準の運用の中から、融資現場の支店担当者との共通認識を見つけ出して稟議制度の構築も課題になります。また反社企業や外為法規制企業などへの注意も必要になります。

③ 顧客への能動的な提案・経営方針に基づき、関連する取組を促進するための商品・サービスを用いて顧客にソリューションを提案。・・・・

　　ESG 地域金融（サステナブルファイナンス）を実践する時は、「地域循環共生圏」「地域経済エコシステム」への持続可能性のあるプロジェクトを提案します。この「地域循環共生圏」には、自治体が大きな役割を演じます。

　　経済産業省が運営している「ローカルベンチマーク」は、企業の経営状態の把握、いわゆる「企業の健康診断」を行うツールになっ

ています。企業の経営者と金融機関・支援機関等がコミュニケーション（対話）を行いながら、企業経営の現状や課題を相互に理解することで、個別企業の経営改善や地域活性化を目指すことが重要になります。

④　営業方針への反映や対話ツール等の標準化・経営方針に基づき、地域や産業分析結果を踏まえ、重点的に対話を行う企業の特定や営業方針を策定。　また、対話ツール等を作成。・・・・・

コーポレートガバナンス・コードでは、対話を大きな柱にしています。

具体的な経営戦略や経営計画などに対する理解を得るとともに懸念があれば、適切に対応を講じることは、経営の正統性の基盤を強化し、持続的な成長に向けた取組みに邁進する上で、極めて有益とされています。この対話によって、営業方針以外にも、デジタル・データ化の課題も明確になります。

⑤　個別企業・事業での実践・本部で定められた各種方針や作成されたツールを活用し、案件組成や支援を実施。また、営業地域の自治体との連携も適宜実施。・・・・・

この「地域循環共生圏」への持続可能性のある施策は、自治体が大きな役割を演じます。「まち・ひと・しごと創生総合戦略」では、各自治体ごとに、種々の施策を公表していましたが、現在は、デジタルデータ化やDXが急速に進んで「デジタル田園都市国家構想基本方針」の施策がポイントになり、地域金融機関は各支店とも早期習得が求められています

⑥　本部と営業店での情報共有・本部からの方針や商品等の共有だけでなく、地域産業・企業の動向や自治体のニーズに関する情報を支店として十分消化し、本部と共有しなければならない・・・

従来の融資の場合は、稟議制度で営業店が本部審査部などに融資実行の承認を得ていました。これは、融資実行の種々の要因を支店・本部で共通認識が持てるようになり、そのチェックリストなども出来上がって

いることが前提になります。この共通認識などが稟議制度の条件になっています。

　しかし、現在は、このサステナブルファイナンスの稟議制度への途上にありますので、早期に本部・支店でこれらの課題を解決して、稟議制度を構築することが必要になります。本部と営業店が融資関連の業務や交渉を分担することになっていますが、両者の情報は共有し、共通認識のもとに稟議制度などで役割分担をすることが大切です。

3）ESG地域金融のアプローチ別の審査対応

　「ESG地域金融実践ガイド2.1」におけるアプローチ１，アプローチ２，アプローチ３は、まずそれぞれの第１ページの「支援・支援概要」の記載を受けて、第２ページには「実践手順」が述べられ、その「中心主体（例）」として、金融機関の本部・営業店の組織での実施内容が書かれています。その後、各アプローチの最後には、「金融機関内の組織体制とポイント」「ステークホルダーとの連携」が続き、『留意事項』で締めくくっています。

　すなわち、このアプローチは、地域金融機関に対して、ESG地域金融の施策を実践するに当たり、金融機関内部の本部のどの組織が動いて営業店はいかなる活動を行ない、その施策を実践するには、「金融機関内の組織体制やステークホルダーとの連携」は、どのように対応するべきかの方向性を示しています。

　従来の金融機関に要請する施策の実践のために、金融機関内部の組織変更とステークホルダーとの連携まで変更することを示唆することはありませんでした。この金融機関内部の組織変更については、金融機関の経営の根幹に関わることであって、ESG金融の各アプローチの重要性が浮き彫りにされています。

　アプローチ１では、地域資源であり、アプローチ２は主要産業の持続可能性またバリューチェーン，アプローチ３は、ＥＳＧ要素を考慮した事業性評価について、の施策になっているということは、金融機関単体

の問題ではなく、金融機関を包摂する地域全体の問題であることが分かります。そこで、この各アプローチについて、それぞれの概要を以下に述べることとします。

(Ⅰ)ESG地域金融のアプローチⅠ

　地域資源を活用する際は、まず、地域社会を取り巻く環境変化と中長期的な時間軸で大きく把握してください。地域のステークホルダーとともに、地域のあるべき姿（将来像）をともに考えて、実現に向け、活用できる地域資源を活用すること（事業化等）が重要であると思います。

　地域金融機関は、地域資源を見渡しながら、その持続可能性を作っていくことを目指して、仮説を構築し、地域のプレイヤーを集めて、仮説を深堀りするための場を設けることをします。その後に、共通の目標を設定し、地域資源を活用し、地域の持続可能性の向上のために、事業創出を支援します。

　イノベーションを促進する行内の仕組みがない場合、まずは小さなグループ（金融機関内の横のつながりの活用）で構想を練って、様々な部署が関わることで、自行庫内にある知見を有効活用します。成果が見えてきた段階で、経営層にも考えを共有して貰います。

　地域金融機関が、地域資源を活用し持続可能な地域を実現するため、多様なステークホルダーと連携するプラットフォームに参加したり、もしくは、自らが主体的になって、ステークホルダーが連携する場を構築することが重要です。

　地域金融機関は、地域資源の価値を客観的に理解するとともに、その活用による地域課題の解決に、中心的な役割を担わなければなりません。それには、定量的な情報の活用、地域差の考慮、目的・ゴールの明確化、地域金融機関の主体的な連携が大切になります。

▶▶▶ 地域資源の特定および課題解決策の検討・支援

目的と狙い
本アプローチの目的は、地域資源を活用して地域課題を解決することにより、持続可能な地域を構築することである。取組を通じて地域課題解決のほか、自治体や顧客との連携強化が期待される。

概要
地域資源を活用した課題解決策の検討・支援を実施する際は、まず、地域社会を取り巻く環境変化が及ぼす影響を中長期的な時間軸で把握する。その上で、地域のステークホルダーとともに地域のあるべき姿（将来像）を共有し、実現に向け、活用できる地域資源を特定・理解し、活用方法（事業化等）を検討していくこととなる。本アプローチにおいては、地域に存在する課題に対して、資源ドリブンの施策を検討することが重要。

POINT 1
地域資源の理解・活用
- **地域資源が持つ複数の機能を分析**し、資源の理解を深める。
- **地域循環共生圏の曼陀羅図を描き**、効率的な資源活用を心掛ける。

POINT 2
自治体・事業者などとの連携
- **方向性をそろえる**ために、共通のビジョン策定等が有効。
- **地域活性化に意欲的な事業者を巻き込む。**

▶▶▶ 実践手順

- 地域金融機関は、地域資源を把握、理解したうえで、その資源を活用し、**地域の持続可能性を作っていくための仮説**を構築することをはじめに実施することが重要である。
- 次にキープレイヤーになりうる地域のプレイヤーを集めて、仮説を深堀するための場を設け、共通の目標（ビジョン等）を定めることが重要となる。その後、地域資源を活用し、地域の持続可能性の向上に資する事業創出を支援する。

実施事項	内容	中心主体（例）
地域資源の活用に向けた仮説構築	✓ 自治体や取引先との対話をもとに金融機関内で蓄積してきた情報から地域社会を取り巻く環境変化が及ぼす影響や生じる地域課題を整理。 ✓ 地域資源を把握し、産業構造や課題を踏まえてその価値を理解して持続可能な地域に向けた施策の仮説を構築する。	✓ 本部（営業推進、経営企画） ✓ 営業店
多様なステークホルダーとの連携	✓ 関連する多様なステークホルダーが意見を交換できる場を構築し、地域資源の価値への理解を深めることにより、仮説を検証する。 ✓ 本実施事項では、プラットフォームへの参加する人集めが特に重要となり、地域課題の解決に熱意のある人物や企業・団体に声をかけ、参加してもらうことが重要。	✓ 本部（営業推進、経営企画） ✓ 営業店
共通の目標設定（ビジョン策定）	✓ 地域が解決すべき課題を意見交換を通じて最終的に追及する持続可能な地域の理想像に齟齬がないか認識を合わせる。 ✓ 自治体等が掲げる目標や歴史・文化等を踏まえ、ステークホルダー間で共通認識を持てるビジョンを策定することが重要。	✓ 本部（営業推進、経営企画） ✓ 営業店
支援の検討	✓ 策定したビジョンの実現に向けた施策（事業案）を検討。 ✓ 事業案は地域資源を起点に整理するなど、複数事業をつなげることで地域資源の有効的な活用を目指す。	✓ 本部（営業推進） ✓ 営業店

▶▶▶ 金融機関内の組織体制とポイント

- 金融機関内では、経営層のコミットメントのもと、組織的に取り組めることが理想的であるが、まずは小さくはじめ、取組のメリットを整理した後に、経営層等に共有し、組織としての取組の推進を図ることも有効である。
- そのためには、**長期的なメリットだけでなく、短期的なメリットも把握・整理**していくことが重要。

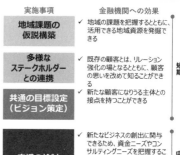

組織体制（金融機関内）

地域金融機関

本部
- 取締役会
- 経営戦略室等
- ワーキンググループ
- 部署A 部署B …

営業店
- 支店長
- 営業担当

連携 / 報告・共有 / 連携

連携

シンクタンク等

- ✓ イノベーションを促進する社内の仕組みがない場合、まずは小さなグループ（金融機関内の横のつながりの活用）で構想を練る
- ✓ 様々な部署が関わることで、金融機関内にある知見を有効的に活用する
- ✓ 成果が見えてきた段階で、経営層にも共有し、組織としての取組を推進

金融機関としてのメリットの把握

実施事項 / 金融機関への効果

地域課題の仮説構築
- ✓ 地域の課題を把握するとともに、活用できる地域資源を発掘できる

多様なステークホルダーとの連携
- ✓ 既存の顧客とは、リレーション強化の場となるとともに、顧客の思いを改めて知ることができる
- ✓ 新たな顧客になりうる主体との接点を持つことができる

共通の目標設定（ビジョン策定）

短期

支援の検討
- ✓ 新たなビジネスの創出に関与できるため、資金ニーズやコンサルティングニーズを把握することができる
- ✓ 場合によっては関連する融資商品やコンサルティングサービスの開発につながる

中長期

▶▶▶ ステークホルダーとの連携

- 地域金融機関が地域資源を活用し持続可能な地域を実現するための取組の推進に向け、多様なステークホルダーと連携するプラットフォームに参加、もしくは自らが主体的にステークホルダーが連携する場を構築することが重要となる。
- 人材等の情報や知見の共有に関しては**自治体等との連携は不可欠**である。

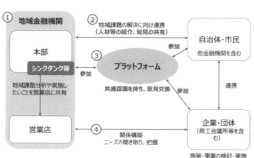

組織体制・ステークホルダー全体像

① **地域金融機関**
- 本部
- シンクタンク等
- 地域課題分析や実施したいことを営業店に共有
- 営業店

② 地域課題の解決に向け連携（人材等の紹介、知見の共有）

③ **プラットフォーム**
共通認識を持ち、意見交換

参加

自治体・市民
他金融機関を含む

参加 / 連携

④ 関係構築 ニーズの聞き取り、把握

企業・団体
（商工会議所等を含む）

施策・事業の検討・実施

ポイント

① 金融機関内での浸透
- 地域金融機関内では、本部が主導し地域課題や地域資源等に関する分析等を実施
- それら情報は金融機関内で共有するとともに、プラットフォームに関する情報は営業店にも随時展開

② 自治体等との連携
- 定期的な自治体等との連携を通じて、地域課題の解決に意欲のある事業者や団体等に関する情報や課題に関する情報を連携

③ 多様なステークホルダーが集まる場
- 地域課題の解決に向けた意見交換や、施策検討に向けた検討を行うため、多様なステークホルダーが集まる検討会の参加・設置

④ 事業化へのニーズの聞き取り・把握
- 課題解決に資する事業の構成にむけ、企業や団体からの金融機関へのニーズの聞き取り、把握

▶▶▶ **留意事項**

■ 地域金融機関が地域資源の価値を客観的に理解するとともに、その活用による地域課題の解決に向けて中心的な役割を担わなければならない。
■ 取組では、**定量的な情報の活用、地域差の考慮、目的・ゴールの明確化、地域金融機関の主体的な連携**が重要。

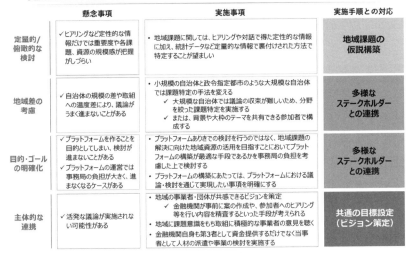

	懸念事項	実施事項	実施手順との対応
定量的/俯瞰的な検討	✓ ヒアリングなど定性的な情報だけでは重要度や各課題、資源の規模感が把握がしづらい	・地域課題に関しては、ヒアリングや対話で得た定性的な情報に加え、統計データなど定量的な情報で裏付けけされた方法で特定することが望ましい	地域課題の仮説構築
地域差の考慮	✓ 自治体の規模の差や取組への温度差により、議論がうまく進まないことがある	・小規模の自治体と政令指定都市のような大規模な自治体では課題特定の手法を変える　✓ 大規模な自治体では議論の収束が難しいため、分野を絞った課題特定を実施する　✓ または、背景や大枠のテーマを共有できる参加者で構成する	多様なステークホルダーとの連携
目的・ゴールの明確化	✓ プラットフォームを作ることを目的としてしまい、検討が進まないことがある　✓ プラットフォームの運営では事務局の負担が大きく、進まなくなるケースがある	・プラットフォームありきでの検討を行うのではなく、地域課題の解決に向けた地域資源の活用を目指すことにおいてプラットフォームの構築が最適な手段であるかを事務局の負担を考慮した上で検討する　・プラットフォームの構築にあたっては、プラットフォームにおける議論・検討を通じて実現したい事項を明確にする	多様なステークホルダーとの連携
主体的な連携	✓ 活発な議論が実施されない可能性がある	・地域の事業者・団体が共感できるビジョンを策定　✓ 金融機関が事前に案の作成や参加者へのヒアリング等を行い内容を精査するといった手段が考えられる　・地域に課題意識をもち取組に積極的な事業者の意見を聴く　・金融機関自身も第3者として資金提供するだけでなく当事者として人材の派遣や事業の検討を実施する	共通の目標設定（ビジョン策定）

　地域資源を活用して地域課題の解決策を検討するために、目的やゴールを明確にした上で、多様なステークホルダーが意見を交換し、同じ方向を向いて活動ができる場（プラットフォーム）への参加は有効です。地域金融機関が持つネットワークの維持活用も役立ちます。また、地域資源を活用して、どのような事業を実施することができるのかを検討し、出てきた事業アイデアについては、活用する地域資源を起点として、バリューチェーンの見える化も有効です。その後に、事業者同士のつながりがわかるように曼荼羅図のように示すことも効果的であり、環境省の『地域循環共生圏（日本発の脱炭素化・SDGs 構想）』（曼荼羅図）も参考になります。そのためにも、金融機関内部の体制の改編も大切です。

（2）主要産業の持続可能性のアプローチ2
　主要産業の持続可能性向上には、まず当該産業の中長期的な方向性を把握する必要があります。また、地域産業の動向を把握して、自治体等との連携も含め支援の方向性を検討します。そして、バリューチェーン

の観点で、ステークホルダーと連携して施策を検討することが大切です。

　特定産業を対象とした取組では、その特定産業の中長期的な方向性に関して、仮説を構築します。仮説検証として事業者等へのヒアリングを行い、現状の認識・取組状況と、対応策を実践して、仮説検証の結果を踏まえ、金融機関として中長期的な施策を検討します。

　金融機関内では、分析結果を審査や営業方針に反映させるとともに、顧客との対話に用いる対話ツールなどを作成することもします。また、本部からの情報を受けた営業店で、実際に活用していく中で、取引先から得た情報などを踏まえ、情報を更新し、仕組みを構築することも重要です。

　特定産業を対象にした取組は金融機関の本部が主導することが想定されますが、シンクタンク等がある場合は、連携して取組を実施することも有効です。分析結果は地域全体で活用することが望ましく、自治体を中心に他金融機関とも情報共有をすることが望ましいとされています。

　特定産業を対象にした取組では、事業者へのヒアリングで支援策の検討を実施しますが、ヒアリング結果を鵜呑みにせず、仮説検証のための手段として活用することも重要です。また、対象産業のみではなく関連する産業への影響を考慮し、金融機関単独で支援策を実施するのではなく、他のステークホルダーとの連携も考慮することが重要になります。

▶▶▶ 主要産業の持続可能性向上に関する検討・支援 概要

目的と狙い

本アプローチの目的は主要産業の中長期での方向性に対応した支援策を検討・実施することにより、産業の持続可能性向上を支援することである。取組を通じて主要産業の顧客に対して中長期的な目線での対話や支援が可能となる他、支援を通じた自治体等との連携強化も期待される。

概要

主要産業の持続可能性向上に関する検討・支援を実施する際は、まず当該産業の中長期的な方向性を把握する必要がある。そのうえで、地域産業の動向を把握し、自治体等との連携も含め支援の方向性を検討していくこととなる。本アプローチでは、地域産業の中長期的な課題に対し、バリューチェーンの観点を持ちつつ、ステークホルダーと連携して施策を検討していくことが重要となる。

POINT 1 中長期の方向性の把握・整理
● **バリューチェーンを通じて**もたらされる影響を考慮するとよい。
● **時間軸の観点で**中長期的な動向や情報等を整理するとよい。

POINT 2 地域の持続可能性向上に資する支援策の検討
● **地域の他産業等に与える影響**も考慮して対応策・支援策を検討するとよい。
● **ステークホルダー※との連携**を通じた施策も検討に含めるとよい。
※自治体や業界団体、大学・研究機関など

▶▶▶ 実践事項

■ 特定産業を対象とした取組では、まず、**対象産業の中長期的な動向を整理**し、想定される影響を理解する。そして、特定産業の中長期的な対応策の**中長期的な方向性**に関して、仮説を構築する。
■ その後、仮説検証として事業者等へのヒアリングを行う。ヒアリングでは、現状の認識・取組状況に加え、対応策を実践する上での課題等も確認する。そして、仮説検証の結果を踏まえ、金融機関としての中長期的な施策を検討する。

実施事項	内容	中心主体（例）
主要産業の特定	✓取引先数や融資額といったポートフォリオの観点から、検討対象となる主要産業を特定する。 ✓その他、地域経済への影響、自治体・金融機関として今後の成長産業として注力している産業を対象にすることも考えられる。	✓ 本部（経営企画）
重点課題の特定	✓課題に対する関心の高さ、産業における影響度の観点から、当該産業における重点課題（マテリアリティ）を特定する。 ✓後者の観点では、営業店が取引先等から得る情報も参考にすることも可能である。	✓ 本部（経営企画、ソリューション営業）
影響分析（仮説構築）	✓①各業界内での競争力に影響する事項と、②バリューチェーンを通じた影響との観点から主要産業の中長期的な動向について把握する。 ✓産業の動向・方向性を、時間軸を踏まえ整理し、何をするべきか把握する。また、必要に応じて地域経済全体への影響も把握する。	✓ 本部（経営企画、ソリューション営業）
仮説検証（ヒアリング）	✓事業者・有識者等にヒアリングを行い、構築した仮説を検証する。 ✓具体的には、事業者の現状の取組や課題認識などを確認することで、主要産業の課題と必要な対応策・支援策の検討につなげる。	✓ 本部（営業推進） ✓ 営業店
支援の検討	✓産業全体としての方向性を踏まえ、リスクの緩和や機会の獲得に向けた支援策を検討する。 ✓支援策は金融機関が単独ではなく、ステークホルダーと連携して必要な手段を検討することがポイントとなる。	✓ 本部（ソリ営、営業推進、審査） ✓ 営業店

▶▶▶ 金融機関内の組織体制とポイント

- 金融機関内では、分析結果を審査や営業方針に反映させるとともに、顧客との対話に用いることができるように対話ツールなどの作成に活用することも一案である。
- また、本部からの情報共有を受けた営業店で実際に活用していく中で、取引先から得た情報などを踏まえ、**定常的に情報が更新されるように、仕組みを構築する**ことが重要となる。

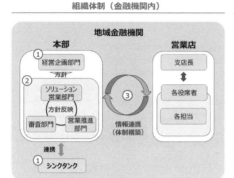

組織体制（金融機関内）	ポイント

ポイント

① 支援の方向性の検討
- 産業の中長期的な方向性と、地域産業の動向を把握し、支援の方向性を検討する
- 分析・検討の際は、各金融機関が持つシンクタンクと連携することが効率的であると想定される

② 分析・検討結果の反映
- ①の分析結果を、金融機関としての諸事業に反映する。
- 具体的には、融資方針（審査部門）、金融商品（ソリューション営業部門）、営業方針（営業推進部門）などへの反映が考えられる。

③ 本部と営業店での情報共有
- 本部から方針や商品等を営業店に共有する。また、共有した結果を基に現場で取組を実践し、それを通じて得た地域産業・企業の動向や課題、ニーズ等の情報を本部に共有する。

✓ 本部と営業店が連動して情報生産ができるように、金融機関の中で定常的なワークフローを定めることが必要

▶▶▶ ステークホルダーとの連携

- 特定産業を対象にした取組は金融機関の本部が主導することが想定されるが、シンクタンク機能を持つ金融機関の場合、シンクタンク等と連携して取組を実施することが効率的であると想定される。
- また、分析結果は地域全体で活用することが望ましいため、自治体を中心に他金融機関とも情報共有をすることが望ましい。

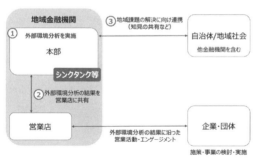

組織体制・ステークホルダー全体像	ポイント

ポイント

① 外部環境分析の実施
- 地域金融機関では、本部が主導し外部環境分析を実施
- 特に金融機関内にシンクタンク機能を持つ部署等がある場合、集中的に実施することが効率的

② 営業店への情報共有とフィードバック
- 営業店には適宜分析結果を共有し、それに沿った営業活動やエンゲージメントを実施してもらう
- 営業店は営業活動等で得た知見や情報を本部に連携し、金融機関として知見の蓄積・更新を行う

③ 自治体等との連携
- 定期的な自治体等との連携を通じ、地域産業に関する情報を連携

▶▶▶ 留意事項

- 特定産業を対象にした取組では、事業者へのヒアリング結果をもとに支援策の検討を実施するが、将来の動向や認識について**ヒアリング結果を鵜呑みにはせず、仮説検証のための手段として活用することが重要**である。
- また、地域への影響を踏まえ、対象産業のみではなく関連する産業への影響を考慮するとともに、金融機関単独で支援策を実施するのではなく、他のステークホルダーとの連携も考慮することが重要である。

メガバンクなどでは、日本を代表する大企業を担当し、金融・非金融の両面からソリューションを提供するＲＭ部署があります。ＲＭとは、リレーションシップ・マネジメント（マネージャー）のことで、クライアントとの関係（relationship）をマネジメント（management）します。この部署は、資金調達等の財務面(財務戦略)のみならず、事業戦略・海外戦略・人事組織などに関する幅広いニーズ・課題を把握して、取引先の経営課題解決を通じた企業価値向上をサポートします。

ここでの「アプローチ２」については、メガバンクなどの大企業ではなく、地域の産業全体を対象にします。産業全体の方向性を踏まえ、中長期的に想定されるリスクの緩和や機会の獲得に向け、地域金融機関が支援などを検討します。この支援などは、地域資源の把握・活用の観点を踏まえながら産業の取り組みレベルに応じて対応します。また、外部環境の変化に対応するために、支援対象が広くなることもあります。

この場合は、金融機関単体ではなく、関連するステークホルダーと共通認識をもちながら一体となって取組を推進します。

▶▶▶ **ステークホルダーとの対応**

　したがって、金融機関内部の組織としては、本部からの方針や商品等を営業店が共有し、共有した情報を営業店の現場で実践することを想定しています。そこで、営業店は、地域産業・企業の動向や課題、ニーズ等の情報を、本部と共有することにもなります。もしも、ＲＭ的な機能を持った組織がある金融機関としては、その内部のノウハウを生かして、より良い組織改編を行うべきと思います。

（３）個別企業の事業性評価のアプローチ３

　ESG 要素を考慮した事業性評価では、対象産業の将来想定される外部環境動向を整理し、ヒアリングを通じて企業／案件が創出するインパクトを、バリューチェーン全体で評価することができます。この地域に与えるインパクトや、取引先企業のリスク緩和、また機会獲得に向けて、金融機関としての対策また支援策を検討するべきです。

　金融機関が事業性評価を、ESG 要素に着目して深化させるには、事前準備において企業／案件に関する外部環境分析を実施することが大切です。ヒアリングに向けて中長期的にリスクや機会になりうる項目について、仮説を立てることが重要です。

　事業性評価を継続して実践していくために、本部には地域の重点課題や資源、各産業の重点課題等を踏まえ、営業店での取組をサポート（ツール作成や標準化等）する役割が求められます。営業店は事業性評価を

176

通じて、取引先の課題を深く理解し、その機会獲得やリスク緩和のための アドバイスやソリューションを提供することが重要です。また、得られた情報を本部にフィードバックする役割が求められます。本部・営業店が情報連携を行い、組織的に個別案件に対応しながら、組織としての知見を蓄積していく形が望まれます。例えば、業種別で非財務情報をデータベース化し、対話の際に活用できるようにすることなども考えられます。

　事業性評価やそれに基づく本業支援を実施する際にも、自治体等との連携は有効です。具体的には、地域資源を活用して課題解決に資する取組を行う企業の支援に向けた連携や、自治体として注力をしていきたい産業における取組促進に向けた連携が考えられます。取引先企業を、地域に与えるインパクトや外部環境の変化で正しく評価した上で、地域に与えるインパクトを最大化するための支援策を検討することは大切です。その際、金融機関にないノウハウ等が必要な場合には大学や専門機関等と連携することも重要です。

　取引先の事業性を評価するにあたっては、ヒアリングで聞き取る情報をそのまま受け取るだけではなく、地域金融機関として、さきを展望した評価を実施する必要があります。現場の職員には、業種動向などの全体像を踏まえた取組が必要になります。

▶▶▶ 個別企業を対象にした企業価値向上に向けた支援概要

目的と狙い

本アプローチの目的は、取引先企業を対象にESG要素を考慮した事業性評価を行い、中長期的なリスクや機会を検討することで、企業/案件の価値向上に向けた支援策を行うことである。その際、地域へのインパクト※を把握することで、取引先企業への支援を通じて、地域の持続可能性向上にも資する取組を実践する。

概要
ESG要素を考慮した事業性評価では、対象産業の将来想定される外部環境動向を整理した上で、ヒアリングを通じて企業/案件が創出するインパクトをバリューチェーン全体で評価する。評価結果を基に、地域に与えるインパクトも考慮しつつ、取引先企業のリスク緩和や機会獲得に向けて、対応策及びその実践に向けた金融機関としての支援策を検討する。

POINT 1
環境・動向変化に対する知見の蓄積
● **地域資源や外部環境、技術に関する一定の知識**を、地域金融機関として保有する必要がある。
● **営業店で発掘した個別事例**の情報も、**本部で集約し金融機関全体で把握する**ことが重要である。

POINT 2
インパクトの把握
● **バリューチェーンを通じて**インパクトを把握し、リスク・機会の把握、支援策の検討を実施するとよい。
● **地域へのインパクト**も考慮することが重要である。

※企業/案件における取組が環境・社会に与える影響

▶▶▶ 実践手順

■ 事業性評価を、ESG要素に着目して深化させるには、事前準備において企業/案件に関する**外部環境分析**を実施し、ヒアリングに向けて中長期的にリスクや機会になりうる項目について仮説を立てることが重要である。

実施事項	内容	中心主体（例）
事前準備	✓ **外部環境分析**：対象産業の将来想定される外部環境動向を"政策"、"技術"、"自然環境"、"社会・市場構造" 等の観点から整理し、影響が大きいと想定される事項を把握 ✓ **仮説設定**：外部環境分析の結果から、ヒアリングに向けた仮説を設定	✓ 本部（ソリューション営業）
現状把握 （ヒアリング）	✓ **ヒアリング**：取引先企業の仕入れ先、販売先及びその最終消費者の動向を把握するとともに、差別化要素を確認する ✓ 外部環境で影響が大きいと想定された事項への対応を把握する	✓ 営業店
課題と価値の把握	✓ **想定されるインパクトの評価**：対象事業の取組が環境・社会にどのような影響（インパクト）を及ぼしているかを把握する ✓ **今後の取組の方向性の検討**：事前準備やヒアリングを踏まえ、取引先の持続可能性や企業価値向上に向けた取組の方向性を検討する	✓ 営業店 ✓ 本部（営業推進、審査）
共有・すり合わせ	✓ **取引先の将来性の把握**：営業店で整理をした評価及びリスク、機会を本部と共有する ✓ **課題と機会の共有**：取引先企業と評価、整理した内容を共有する	✓ 営業店 ✓ 本部（営業推進、審査）
支援の検討	✓ **リスク緩和、機会獲得に向けた支援策を検討する**：取引先企業のリスク緩和、機会獲得に向けて、取引先企業の対応策及びその実践に向けた支援策を検討する	✓ 営業店 ✓ 本部（ソリューション営業）

▶▶▶ 金融機関内の組織体制とポイント

- ESG要素を考慮した事業性評価を継続して実践していくために、**本部には地域の重点課題や資源、各産業の重点課題等を踏まえ、営業店での取組をサポート（ツール作成や標準化等）する役割**が求められる。
- 営業店はESG要素を考慮した事業性評価を通じて**取引先が対峙する課題を深く理解するとともに、ニーズを踏まえ、機会獲得やリスク緩和のためのアドバイスやソリューションを提供する。**また、得られた情報を本部にフィードバックする役割が求められる。
- 本部・営業店が情報連携を行い、組織的に個別案件に対応しながら**組織としての知見を蓄積していく**形が望ましい。例えば、**業種別で非財務情報をデータベース化**し、対話の際に活用できるようにすることなども考えられる。

組織体制（金融機関内）	ポイント

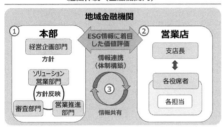

ポイント

① 地域課題や資源、産業の課題を整理
- 主要なサステナビリティテーマの把握や地域における課題の特定は本部が主体となって体系的に取り組むことが望ましい

② 企業／案件の課題と価値を発掘
- 営業店が主導となって地域企業にヒアリングを行い、長期的視点でESG要素を考慮した上で事業性評価を行うことが求められる

③ 情報の分析・整理と連携
- 営業店が発掘した情報を本部内で分析し、営業店へフィードバック
- 個別案件における課題を抽象化し、取引先グループにとって重要な課題として金融機関全体で把握する

✓ 本部が集約的に地域単位での重要課題を意識、想定、情報収集し、営業店が個別企業に対するニーズを聞き取る
✓ 営業店が経験した事例は本部で集約し、外部環境分析と併せて組織として蓄積していく

▶▶▶ ステークホルダーとの連携

- ESG要素を考慮した**事業性評価やそれに基づく本業支援を実施する際にも自治体等との連携は有効である。**具体的には、地域資源を活用して課題解決に資する取組を行う企業の支援に向けた連携や、自治体として注力をしていきたい産業における取組促進に向けた支援での連携が考えられる。
- 取引先企業に対しては、事業性評価を通じて地域に与えるインパクトを把握し、また外部環境の変化を踏まえた課題の把握を行う。企業を正しく評価した上で、地域に与えるインパクトを最大化するための支援策を検討する。その際、**金融機関にないノウハウ等が必要な場合には大学や専門機関等と連携することも重要である。**

組織体制・ステークホルダー全体像	ポイント

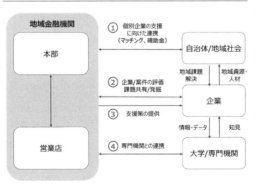

ポイント

① 企業支援に向けた連携
- 取引先企業の商流構築のためのマッチングイベントの共同実施や、補助金の活用、自治体が保有する各種データの活用など、金融機関が支援を打つための連携が考えられる

② 企業／案件の評価・課題共有／発掘
- 事業性評価を通じて、取引先との対話によるニーズの共有、把握を行う
- 外部環境が与える影響や地域課題に対する影響を踏まえ、長期的な視点から顧客の持続可能性・成長性を評価する

③ ESG要素に着目した支援策
- 事業性評価を通じて適切なアドバイスを企業に提供すると共に、商品やサービス、ソリューションでインパクトを最大化する支援策を提供

④ 専門機関との連携
- 専門的な知識が必要な場合は大学や研究機関等との連携が考えられる

■ 取引先の事業性を評価するにあたっては、ヒアリングで聞き取る情報をそのまま受け取るだけではなく、地域金融機関としてプロアクティブに評価を実施する必要がある。そのためには、現場の職員で業種動向などの全体像を踏まえた取組が必要となる。

	懸念事項	実施事項	実施手順との対応
ヒアリング内容の検証	✓ 取引先から得られる情報について、全てを事実として捉えてしまう	・ ヒアリングで顧客やステークホルダーから聞き取る情報について、金融機関として検証する必要がある ・ 企業側の情報発信に対し、金融機関が誤認してしまう場合があるため、金融機関に技術的なバックボーンが必要である	事前準備 現状把握（ヒアリング）
バリューチェーン全体の把握	✓ 支援開始後、事前に想定してなかったリスクに見舞われることがある	・ 顧客が取り組むビジネスについて、川上から川下までバリューチェーン全体を把握し、環境・社会に与えるインパクトを把握する必要がある	課題と価値の把握
代替案の検討	✓ 取引先が提示するプランに引っ張られてしまう	・ 単一のプランのみでは特定のプランを成功させようという力がかかってしまうため、常に代替選択肢を用意しておく方が良い	共有・すり合わせ 支援の検討
個別案件の抽象化	✓ 個別案件に対応するが、組織としてのレベルアップに繋がらない	・ 個別案件で検討・経験した特定分野における課題を抽象化し、取引先グループにとって重要な課題として金融機関全体で把握する	（全体を通じて）
取引先との距離	✓ 金融機関としての支援の方向性をもたず、取引先の実施したいことを支援	・ 取引先のニーズを踏まえた支援は重要なことであるが、金融機関として対等に意見交換ができる知見を蓄積し、取引先のビジネスモデルを持続可能な形に転換できるように支援の方向性を検討する	（全体を通じて）

　個別企業のアプローチの目的は、ESG 要素を考慮した事業性評価を行い、地域へのインパクトを把握して、取引先企業への支援を通じて、地域の持続可能性の向上に役立つことです。本部には、地域や各産業の重点課題等を踏まえ、営業店での取組をサポート（ツール作成や標準化等）する役割があります。本部・営業店は、相互に情報連携を行い、組織的に個別案件に対応しながら、一方、組織としての知見を蓄積していくことも重要です。

　また、地域のステークホルダーとしては、「大学／専門機関」との連携が大切です。

　「知的財産推進計画 2022（概要）～意欲ある個人・プレイヤーが社会の知財・無形資産をフル活用できる経済社会への変革～ 」では、新しい大学の役割が紹介されています。

▶▶▶ スタートアップ・大学の知財エコシステムの強化①

> ➤ スタートアップが、大学・大企業の保有する知財をフルに活用し、事業化につなげられる環境整備に向け、知財対価としての
> **株式・新株予約権の活用制限の撤廃、共有特許のルール見直し、国際特許出願支援の抜本的強化**などを措置
> ➤ 大学の知財の事業化に向け、強い権利の取得やライセンスの促進など、スタートアップ・フレンドリーな知財マネジメントを浸透
> させるための**大学知財ガバナンスガイドライン(仮称)**を策定

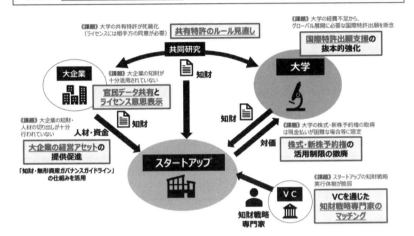

　さらに、このアプローチ３の留意事項では、取引先の事業性評価する
には、地域金融機関として先を見通した評価が必要であると書かれてい
ます。その為には、地域の詳細なデータが求められます。そこで、地域
金融機関の営業店としては、総務省統計局のホームページから、以下の
「町長大字別集計」にて、各営業店の店周の情報を把握することをおす
すめします。

→採用情報　→リンク集　→ご意見・お問合せ　→サイトマップ　→文字サイズ等の変更　→English

Google カスタム検索　　検索

> ホーム　∨実施中の調査　∨統計データ　∨よくある質問　∨統計研究研修　∨広報・募集　∨組織紹介

ホーム > 統計データ > 経済センサス > 平成26年経済センサス－基礎調査 > 平成26年経済センサス－基礎調査　調査の結果

調査のご案内

調査の概要
・調査の目的
・調査の対象
・調査事項　など

調査の結果
・統計表一覧
・用語の解説
・利用上の注意
・過去の調査結果

公表予定

Q&A

問い合わせ先

平成26年経済センサス-基礎調査　調査の結果

e-Stat の項目は、政府統計の総合窓口「e-Stat」掲載の統計表です。

結果の概要

確報集計
● 結果の要約（PDF：　438KB）（全10頁）　…　「結果の概要」から要点を抜粋したもの
● 結果の概要（PDF：1,178KB）（全41頁）　…　集計結果全体をまとめたもの

統計表

統計表

「統計表一覧」 e-Stat
● 全ての統計表が、こちらからご覧になれます。

| データセット一覧

< 戻る　　　　　　　　　　　　　　　　　　　　　　　　　　　　　　　　一覧形式で表示

政府統計名	経済センサス-基礎調査	詳細
提供統計名	平成26年経済センサス-基礎調査	
提供分類1	町丁・大字別集計	

表番号	統計表	調査年月	公開（更新）日	表示・ダウンロード
-	京都市同一区内に複数存在する同一町名と通り名の対応表	2014年7月	2016-03-16	⬇EXCEL
1	経営組織（2区分）、産業（中分類）・従業者規模（6区分）別全事業所数及び男女別従業者数－市区町村、町丁・大字			
	01 北海道 - (1) 総数 ～ 61 無店舗小売業	2014年7月	2016-03-16	⬇CSV
	01 北海道 - (2) J 金融業、保険業 ～ 出向・派遣従業者のみ	2014年7月	2016-03-16	⬇CSV
	02 青森県 - (1) 総数 ～ 61 無店舗小売業	2014年7月	2016-03-16	⬇CSV
	02 青森県 - (2) J 金融業、保険業 ～ 出向・派遣従業者のみ	2014年7月	2016-03-16	⬇CSV
	03 岩手県 - (1) 総数 ～ 61 無店舗小売業	2014年7月	2016-03-16	⬇CSV

#									
1	平成26年経済センサス-基礎調査　確報集計　町丁・大字別集計								
2			第1表　経営組織(2区分)、産業(中分類)・従業者規模(6区分)別全事業所数及び男女別従業者数—市区町村、町丁・大字						
3									
4			(注) 男女別の不詳を含む。						
5				sanM1.0001	sanM1.0001	sanM1.0001	sanM1.0001	sanM1.0002	
6				1	1	1	1	1	
7				syu1.0000	syu1.0001	syu1.0002	syu1.0003	syu1.0000	
8				0	0	1	1	0	
9				A～S 全産業				A～R 全産業 (S公務を除く)	
10	都道府県	経営組織	市区町村及び町丁・大字	事業所数	従業者数(注)	(従業者数)男	(従業者数)女	事業所数	
11	静岡県	総数	22101 静岡市葵区	15177	148692	75939	72689	15108	
12	静岡県	総数	22101 一番町 3000003000	65	437	191	246	65	
13	静岡県	総数	22101 二番町 26900026900	52	272	170	102	52	
14	静岡県	総数	22101 三番町 14200014200	48	214	120	94	48	
15	静岡県	総数	22101 四番町 38300038300	26	120	55	65	26	
16	静岡県	総数	22101 五番町 12400012400	26	142	66	76	26	
17	静岡県	総数	22101 六番町 39000039000	23	62	39	23	23	
18	静岡県	総数	22101 七間町 14400014400	237	1697	755	942	237	
19	静岡県	総数	22101 七番町 14500014500	13	29	18	11	13	

おわりに

　本書では、最新のサステナブルファイナンスを知って頂くために、事業性評価融資について、詳しく述べています。私が、2016年9月に上梓した「事業性評価融資─最強の貸出し増強策」(ビジネス教育出版社発行) 以降に、多くの金融手法が公表され、金融庁や中小企業庁から読みやすいチラシなども配布されています。

　「知ってナットク！」「短期継続融資」「資本性借入金」「ＡＢＬについて」などは、金融機関の営業店ロビー以外でも、行政機関や商工会・商工会議所にも常備され、このチラシは中小企業の経営者に手渡されています。金融機関の融資担当者の多くの方は、それらのチラシを持参した中小企業の経営者から、「この融資をお願いします」と言われているものと思います。また、金融機関回りの新しい概念や融資手法では、「コーポレートガバナンス・コード」「知財・無形資産ガバナンスガイドライン」「デジタル田園都市国家構想基本方針」「ＲＥＳＡＳ」「ローカルベンチマーク」「ＤＸ」「事業成長担保権」などがありますが、これらも営業店の窓口では、担当者は、勉強家の社長や役員から、質問を受けているものと思います。その上に、中小企業の融資担当者に対しては、社内のデジタル・データ化、クラウド対応まで、聞かれるようになっています。SDGsやESGも、自社の経営理念やビジョンの作成に絡めて、相談されることが多くなっているようです。

　実は、このような新概念の集大成が、「サステナブルファイナンス」になっています。本書では、金融機関の融資の発展段階として、「事業融資」から「事業性評価融資」の次に「サステナブルファイナンス」を解説しています。その解説のプロセスにおいて、上記の金融の新概念を解説しています。金融機関の担当者の皆様にとっては、日常業務でよく耳にする内容かも知れませんが、このサステナブルファイナンスとどのように絡んでいるかは、再確認をお願いしたいと思います。また、本書には、取引先の業務内容を深くまた俯瞰的に見るために、「SDGs17目標のチェックリスト」「ＤＸ推進における取締役会の有効性評価項目」のチェックリストを掲載していますので、顧客相談などにご活用して頂きたいと思います。

　最後に、株式会社ビジネス教育出版社の酒井敬男会長、中野進介社長、編集プロデューサーの中河直人さんには、本書が出来上がるまで、種々のありがたいアドバイスを頂きました。ここに、心より感謝を申し上げます。

中村　中

MEMO

MEMO

MEMO

〈著者プロフィール〉

中村　中（なかむら　なか）

経営コンサルタント・中小企業診断士・経営革新等支援機関

1950年生まれ。

三菱銀行（現三菱UFJ銀行）入社後、本部融資部・営業本部・支店部、岩本町・東長崎各支店長、福岡副支店長等を歴任、関連会社取締役。

2001年、㈱ファインビット設立。同社代表取締役社長。週刊「東洋経済」の選んだ「著名コンサルタント15人」の1人。中小企業金融に関する講演多数。

橋本総業ホールディングス株式会社（東証プライム）監査役、中小企業顧問、医療法人監事 等。

〈主な著書〉『認定支援機関が日本を救う』『取締役会が機能すれば中小企業の経営力は上がる』『事業再構築補助金とDXによる経営革新』『企業価値向上・DX推進に向けた 中小企業の生産性革命』『コロナ危機に打ち勝つ 中小企業の新しい資金調達』『地域が活性化する 地方創生SDGs戦略と銀行のビジネスモデル』『新 銀行交渉術−資金ニーズの見つけ方と対話』『事業性評価・ローカルベンチマーク 活用事例集』〈共著〉『事業性評価融資−最強の貸出増強策』『ローカルベンチマーク〜地域金融機関に求められる連携と対話』『金融機関・会計事務所のためのSWOT分析徹底活用法〜事業性評価・経営改善計画への第一歩』〈共著〉（以上、ビジネス教育出版社）、『中小企業再生への経営改善計画』（ぎょうせい）、『中小企業経営者のための銀行交渉術』（TKC出版）、『銀行交渉のための「リレバン」の理解』（中央経済社）他多数

新時代の融資手法　地域金融、中小企業を強くする

サステナブルファイナンスと事業性評価融資の進め方

2023年4月20日　初版第1刷発行

著　者　　中村　　中

発行者　　中野　進介

発行所　株式会社　ビジネス教育出版社

〒102-0074　東京都千代田区九段南4-7-13
TEL 03(3221)5361(代表)／FAX 03(3222)7878
E-mail▶info@bks.co.jp URL▶https://www.bks.co.jp

印刷・製本／モリモト印刷㈱　　装丁・本文デザイン・DTP／㈲エルグ
落丁・乱丁はお取り替えします。

ISBN978-4-8283-0999-6　C2034